JN418888

죽어서 별이 된 사람들

이중택 목사 저

도서출판 한글

머 리 말

한국의 기독교는 현재 영웅을 기다리고 있다. 영웅이란 전쟁터에서 군사력으로 적을 크게 물리쳐야 되는 지휘관이다. 많이 죽일수록 위대한 영웅이 된다. 일반 사회도 크게 성공하면 영웅 대접을 받는다. 그래서 무조건 많이 소유하고 높아지려고 아우성이다.

그러나 기독교가 사모하는 영웅은 그런 영웅이 아니다. 자신을 희생해서 세상을 섬기는 그런 영웅을 사모한다. 영적 싸움에서 수많은 사단 마귀를 물리치는 영적 영웅이다. 즉 작은 예수를 기다리고 있는 것이다.

현재 한국의 기독교는 많고 크고 높고 업적이 많아야 영웅이 된다. 세속적 영웅과 신기할 정도로 똑같다. 성직자도 그렇게 생각하고 교인들도 대부분 그렇게 생각하고 있다. 번영신학이 주류를 이루고 그렇게 교육을 받아왔기 때문이다. 교회가 제도화되면서 인간의 탐욕이 지배하면 나타나는 징조다. 현재 한국 기독교의 정신세계나 영성은 1970년대 산업화와 더불어 동행한 번영신학의 부산물이다. 주의 영광중에 좌우편에 앉게 해달라고 했던 야고보와 요한의 모습이 연상된다.(막 10:35-45)

한국 기독교를 구할 영웅은 성자처럼 자신을 희생하는 자세로 목회하는 자라야 가능하다. 이런 영웅이 탄생되기 위해서는 교계 분위기가 누가 더 헌신을 많이 하는가 하는 헌신경쟁 분위기가 조성되어야 한다. 현재처럼 누가 더 대우를 많이 받는가 하는 분위기로는 탄생되지 않는다. 누가 더 유명한가 하는 시대는 빨리 사라져야 한다. 헌신을 많이 할수록 우리들의 영웅이 되는 그런 분위기가 형성되어야 한다. 헌신 경쟁, 섬김 경쟁, 겸손 경쟁, 사랑 경쟁, 낮아짐 경쟁이 주류를 이루어야 한다. 그래야 영적 영웅이 탄생한다.

이런 분위기 조성을 위해 조금이나마 보탬이 되었으면 하는 마음으로 우리들의 영웅 16분(한 통의 편지와 연설 두 편 포함)을 소개한다. 이 외에도 훌륭한 분들이 많이 있지만 미처 정리하지 못해 우선 16분을 먼저 소개하고자 한다. 눈물겨운 삶을 살다 간 위대한 영웅들이다.

이들은 삶 자체가 사랑 덩어리였다. 나누어 줄 것은 사랑밖에 없는 하나님의 심부름꾼들이었다. 천국의 노동자였고 하나님의 어릿광대였다. 그들의 사랑은 곧 무기였다. 사랑을 들고 영적 싸움을 하니 마귀가 할 말을 잃고 사단이 넋을 놓아버린다. 귀신이 혼절하고 어둠이 물러간다.

이들은 시대의 등불이었다. 어둠속에서 길을 인도하는 밤하늘의 별이었다. 우리들의 사표였다. 영적 전쟁에서 승리한 위대한 영웅들이었다. 닮고 싶은 '큰 바위 얼굴'이었다. 밤하늘에

빛나는 큰 별 옆에 모여 지구를 환하게 비추는 작은 별들이었다. 우리가 이들처럼 살 수는 없지만 이들을 존경만 해도 세상을 아름다워질 것이다.

존경할 만한 사람이 없다는 것은 서글픈 일이다. 따르고 본받을 만한 훌륭한 사람이 주변에 몇이라도 있어야 어두운 혼돈의 세상에서 한 줄기 빛으로 여기며 기댈 수 있으니까 말이다. 그런데 우리 눈에 띄는 사람들이라고 해야 죄다 잘난 척하고 이기적이며 부귀영화, 입신양명에만 눈독을 들이고 있는 사람들이다.

그러나 살펴보면 숨은 진주 같은 선각자들이 많이 존재했다. 우리가 모르는 작은 위인들이 과거에도 있었고 지금도 세상을 관조하며 맡은 자리에서 할 일을 다 하고 있는 것이다. 다만 우리가 모르고 있을 뿐이다. 그런 인물들이 널리 알려져서 정신적 추종자들이 많이 생겨났으면 하는 바람으로 이 글을 쓴다.

여기 소개하는 인물들의 전기는 필자의 글도 있지만 인터넷이나 신문 등에서 자료를 모아 필자가 수정하고 보완하여 옮긴 글도 있다. 세련되게 다듬어진 아름다운 글은 그대로 싣기도 하였다. 자본주의 중독에 빠진 한국 기독교계에, 아름다운 믿음을 지녔던 선배들의 발자취를 빨리 소개하고 싶은 욕심에 그렇게 하였다. 해당 필자들에게 죄송한 마음을 전하며, 독자들에겐 읽으면서 마음의 감동이 있기를 바랄뿐이다.(후반부에는 필자의 글 몇 개를 첨가했다.)

목 차

불행을 극복한 천사 - 백선행 여사

가난하고 못생긴 청상과부!

암울했던 조선말기와 일제 강점기 초기 평양에 백선행(白善行, 1848~1933)이 살고 있었다. 그녀가 살아 있을 때 평양에서 백白가 성을 가진 과부를 모르는 이가 없었다. 그는 여성사업가이자 사회봉사가로 이름이 널리 알려져 있었다. 여장부로서 많은 사람들에게 본보기가 되었던 것이다. 여성의 사회진출이 막혀 있던 시절에 그녀는 어떻게 사회봉사를 할 수 있었을까?

그녀는 1848년 수원의 한 가난한 집안에서 태어났다. 조선

조 말기는 남존여비 의식이 팽배할 때라 말과 글을 익힐 수 있는 어떠한 교육도 받을 수 없었다. 그래서 그 흔한 이름 하나 없었다. 더욱이 7세 때 아버지를 여의고 평양으로 이사와 홀어머니 밑에서 자랐다.

가난한 집의 딸은 가난한 집안으로 시집갈 수밖에 없었다. 어려운 집안의 밥그릇 하나 덜기 위한 수단으로 14세 무렵에 안씨 성을 가진 농사꾼에게 시집갔으나 2년도 못 되어 남편이 죽고 18세 어린 나이에 청상과부가 되어 다시 친정으로 돌아왔다. 생활고가 기다리고 있었다. 그러나 그녀는 키가 크고 몸집도 떡 벌어진데다 광대뼈까지 툭 튀어나와서 남자들의 관심을 끌 수도 없었다. 막말로 웃음을 팔며 돈을 벌 수도 없었다.

그녀는 남편의 장례를 치른 뒤 먹고 살기 위해 작은 마당에 봉선화를 심었다. 그리고 그 씨를 받아 장터에 내다 팔기 시작했다. 틈만 나면 질동이를 이고 음식점에 찾아가 음식 찌꺼기를 거둬다 돼지를 먹였고, 남은 찌끼기는 돼지 키우는 집에 팔았다. 또 삯바느질에 식모 노릇, 청소 따위로 돈 버는 일이라면 닥치는 대로 했다.

정수리에 옹이가 박히고 손바닥은 부르트고 허리가 휘어졌지만 밥 먹고 잠자는 시간 말고는 밤낮을 가리지 않고 열심히 뛰었다. 이렇게 해서 번 돈은 헝겊에 둘둘 싸서 버선목에 넣어두거나 허리춤에 찼는데, 제법 많아지면 이불 틈새에 끼워 넣거나 삿자리 밑에 깔아 두기도 했다. 은행을 이용하는 일이 흔치 않을 때라서 이런 방법으로 돈을 은밀히 보관했던 것이다.

그녀는 웬만큼 돈이 모이자 맨 먼저 방직사업을 벌였다. 물레와 베틀을 사들이고 목화도 여기저기서 사 모았다. 그녀는 밤낮을 가리지 않고 명주, 무명, 삼베를 짜서 내다 팔았다. 직접 생산해서 내다 팔았기에 이익도 그만큼 높았다. 수입 또한 돼지 먹이는 일이나 봉숭아 씨앗을 파는 것과는 비할 바가 아니었다. 그녀가 벌인 첫 사업은 아주 성공적이었다.

백씨 과부는 이런 방식으로 수십 년 동안 돈을 모았다. 먹고 입는 것은 말할 것도 없고 얼굴에 분 한 번 찍어 바르지 않았으며, 평양 사람들이 곧잘 가는 능라도 놀이 한 번 따라나서지 않았다. '구두쇠 과부', '악바리 과부'로 통했지만 그녀는 아랑곳하지 않았다. 백과부의 마음속에는 누구도 알아차리지 못할 어떤 신념이 가득 차 있었다.

그녀는 남편도 없고 자식도 없었지만 신세를 한탄할 시간도, 외로움을 탈 여가도 없었다. 오직 한 길만이 보였다.

백과부의 나이가 50대에 접어들면서 그녀는 현금만 끌어안고 저축하는 방식에서 벗어나 땅을 사기로 마음먹었다. 주식이나 다른 투자 대상이 있던 시대가 아니었기에 땅을 사려는 생각은 결코 부동산 투기가 아니었다. 그런데 그녀가 그동안 모은 거금 200냥을 주고 산 땅은 모래밭이었다. 사기꾼들에게 걸려든 것이다. 이어 또 다른 협잡꾼이 접근해 왔다. 그리하여 또다시 산도 아니고 들판도 아닌, 평양 교외에 있던 만달산의 황무지를 속아서 사게 되었다. 만달면 승호리 땅들이었다.

그러나 독실한 기독교인이었던 백씨 과부는 결코 이를 탓하지 않았다. 주변에서 억척스럽게 돈 모아온 사실을 잘 아는 사기꾼들에게 속은 것은 분하지만 가문에 선산도 없고 지난날 땅이 없어 겪은 한스러움도 많았기에 소유 자체로 위안을 삼았다.

이렇게 되자 '구두쇠 백과부'가 망했다는 소문이 평양 시내에 자자하게 퍼졌다. 그러나 정작 본인은 이런 소문에 귀도 기울이지 않았다. 오히려 전보다 더욱 열심히 일하며 사업을 벌여 나갔다. 그런데 이게 어찌된 일일까? 모래밭과 황무지가 황금알을 낳는 거위가 된 것이다. 모래밭에 시멘트 원료가 깔려 있었던 것이다.

1917년 한 일본 사업가가 평양에 시멘트 공장을 차리려고 시멘트 원료가 있는 곳을 찾아 나섰다가 만달산 모래밭에 시멘트 원료가 무진장 묻혀 있다는 것을 알아냈다. 곧장 주인을 찾아가 엄청나게 높은 가격을 제시하며 땅 팔 것을 요청했으나 여인은 이를 거절했다. 이는 잘못된 땅을 사서 마음의 상처를 가진 본인이기에 절대로 남에게 더 이상의 상처나 피해를 주지 않겠다는 아름다운 생각에서의 단호한 거절이었다.

그런데 아무 쓸모없어 버려진 산으로 잘 알려진 이 땅을 그는 왜 이렇게 높은 가격으로 땅을 매입하려 했을까? 이유는 석산의 대부분이 시멘트 원료인 양질의 석회석 석산이었기 때문이다. 그래서 회사 측이 수차례(당시의 시세와는 비교도 안 되는 값으로) 매입을 시도했으나 계속 실패로 돌아가자 당황한 회사 관계자는 그 사유를 파악하게 되었고, 바로 그런 아름다운 생각을 하는 백 여사의 깊은 뜻이 있음을 알고 이를 일본 본사에 보고하였다.

내용을 보고받은 일본 최대 시멘트 기업 오노다小野田의 창업자인 오노다회장이 직접 평양으로 찾아와 백 여사가 다니던 교회의 목사님을 통하여 백 여사를 설득하였고 마침내 2만 냥이라는, 요즘 화폐로 계산하면 300억에 가까운 엄청난 가격에 땅을 팔게 되어 백 과부는 하루아침에 (조선 장안에 최고의 화제를 몰고 온) 평양 최고의 거부가 되었다.

2년 후 1919년, 우리나라 최초의 오노다 시멘트공장이 평양에 설립되었고 이를 발판으로 평양에서부터 현대식 건물이 급속하게 건축되게 되는 배경이 되었다. 이를 시작으로 함경도 문천과 1937년 강원도 삼척에 동양시멘트 공장이 연이어 문을 열었으며, 이러한 역사를 바탕으로 일본 최대의 시멘트 기업 오노다가 아직도 일본의 대기업으로 건재해 있다는 점도 새겨볼만한 일이다.(우리나라 동양그룹의 모태인 동양시멘트도 해방 후 삼척공장을 인수하면서 시작되었다.)

이 일을 두고 평양 사람들은 그녀의 철저한 근검절약과 투철한 상업정신을 하늘이 알아 준 것이라고 수근거렸다. 그녀는 이제 평양에서 제일가는 부자가 되었다. 그 누구도 그녀를 못생긴 과부라고 깔보지 않았다. 아니 뭇사람들은 그녀 주변에 모여들어 아양을 떨기 시작했다. 그렇다고 그녀의 삶의 패턴이 바뀐 것은 아니다. 여전히 근검절약하며 살았다.

당시 대동군 송사리에 솔뫼다리가 있었는데, 냇물이 불면 떠내려가기 일쑤였다. 남편의 묘소를 오가다 이 사실을 알게 된 그녀는 회갑을 기념해 거금을 들여 서울의 광교를 그대로 본떠서 그곳에 어엿한 돌다리를 놓게 했다. 이때부터 솔뫼다리는 '백과부다리'가 되었고, 그녀의 이름도 착한 행동을 기려 '선행善行'으로 부르게 되었다. 이름도 없던 여인에게 이름이 생긴 것이다. 이렇게 해서 백과부가 백선행이 되었다.

교육과 구빈사업을 벌이다

백선행은 1919년 3·1운동을 보고 눈시울을 적시며 감격해 마지않았다. 이때 백선행의 나이는 70세가 넘었지만 그녀는 새로운 인생을 시작했다. 당시 조만식 같은 민족지도자들이 평양 시내에 시민집회 장소로 쓸 공회당 건축을 추진하고 있었지만 돈이 뜻대로 모아지지 않았다. 공회당이 있긴 했지만 일본 사람 집회에만 사용허가를 내주었다.

그러자 백선행은 공회당 건축에 2800원(당시 쌀 한 가마에

5, 6원)을 쾌척하고, 전답 800섬지기를 유지기금으로 내놨다. 그렇게 해서 1200여 명을 수용할 수 있는 3층 석조건물이 세워졌다. 이 건물을 백선행기념관이라 불렀다.

그 뒤 백선행은 조만식 선생과 협의 하에 민족교육을 위한 뜻을 펴 평양 광성소학교, 대동군 창덕소학교, 기백 창덕보통학교, 숭현여학교, 숭실전문학교 등에 재단기금으로 논밭을 기부했다. 미국 선교사 모펫이 설립한 평양신학교(장로회 신학대학교의 전신) 재단도 바로 그녀에 의해 설립되었다.

뿐만 아니라 죽기 3년 전에는 가난한 여러 친척과 빈민들에게 재산을 골고루 나눠 주었다. 그러나 양손자인 안일성에게는 사치스런 생활태도 때문에 뙷장(조각이 난 땅)만 조금 떼어 주어, 그가 땅을 팔아먹지 못하게 하고 겨우 먹고 살 수 있게만 해 주었다.

조선총독부에서 백선행의 여러 가지 선행을 보고 그녀에게 표창하려고 했지만, 백선행은 이를 완강하게 거부했다. 일제와 야합하지 않고 꿋꿋하게 살았던 백선행을 민족지사라 해도 틀리지 않을 것이다.

자식이 없는 그녀는 평생을 수절하였으며 근검으로 이룬 모든 재산을 사회에 환원하고 1933년 86세의 나이로 세상을 떠나갔다, 이에 우리나라 최초로 여성 사회장(社會葬:사회에 큰 공로가 있는 사람의 죽음에 모든 사회단체가 연합하여 지내는 장사)이 치러졌으며 조만식 선생을 비롯한 1만여 명의 시민이 여사의 마지막 가는 길을 애도하였다.

백선행 여사는 이북에서도 참다운 삶을 인정받아 평양에 동상이 세워졌으며 우리나라에도 그녀의 출생지인 수원에 그의 삶을 기리는 동상에 세워져 있다.

여기서 잠깐 훗날 오노다 시멘트의 사장을 역임하였던 안도 도요로쿠(安藤豊祿, 1897년생)에 대하여 살펴볼 필요가 있다. 그는 동경대학을 졸업하고 〔오노다 시멘트 회사〕에 입사해 1920년대에 오노다시멘트 평양 지사에서 일하며 황해도의 안중근 의사 고향을 두 차례나 방문했던 사람이다. 존경의 호기심 때문이다.

종전 이후 일본으로 돌아가 안중근 연구모임을 만들었던 장본인으로, 그가 1984년에 펴낸 회고록 〔한국은 내 마음의 고향〕에서 '안중근은 민중의 마음'이라는 글을 통해 한국에서 관심의 대상이 되었다. 이유는 이토 히로부미가 저격당할 당시 통역사로 함께 총상을 입은 일본인 다나카가 "내가 만난 사람 중 가장 훌륭한 사람은 안중근"이라고 말한 내용을 최초로 공개한 회고록의 주인공이기 때문이다.

안 의사를 '가장 훌륭한 사람'이라고 평가한 일본인 다나카 세이지로田中淸次郎는 1909년 10월 26일 안 의사 거사일 당시 수행원 겸 통역사로 현장에 있다가 총상을 입었던 사람으로 만주

철도 이사로 근무하던 때였다. 그는 1872년 이토의 고향인 야마구치현 하기시에서 태어났으며 동경대 법학과를 졸업하였다.

그는 의거에 앞서 이토가 하얼빈역에서 러시아 재무대신 코코프체프와 회동할 때 프랑스어 통역을 맡았으며, 회견을 마친 이토가 열차에서 내리는 순간 안 의사의 총격이 있었는데 이토는 현장에서 사망했고 곁에 있던 다나카는 발뒤꿈치에 총상을 입었다.

안 의사의 총상을 입었던 다나카는 안도 사장의 대학 선배로 안도 사장의 "당신이 이제까지 만난 세계의 여러 사람 중 일본인을 포함해 누가 가장 훌륭하다고 생각하느냐"라는 질문을 받고 "그것은 안중근이다"라고 말했다고 한다. 안도의 안중근 의사에 대한 연구가 바로 이러한 배경에서 시작되었음을 헤아리게 된다.

성자가 된 깡패 - 최흥종 목사

한 인간의 삶이 예수를 만나 변화된다면 어디까지일까?

여기 소개하는 이의 인생여정을 읽다 보면 요즘처럼 부패가 만연한 종교를 보면서 과연 성직이란 무엇인지 고개가 숙여질 때가 있다.

박해와 시련, 고난과 역경으로 점철된 한국교회 역사 백여 년! 이 고난의 역사가 위대한 신앙인들을 많이 배출했는데 전남 광주에서 최초 교인, 최초 장로, 최초 목사인 최흥종崔興琮도 그 중의 한 사람이다. 그는 실로 고난의 역사가 배출한 한 송이 꽃이라 해도 지나치지 않을 것이다.

시대의 예언자 함석헌 선생이 1962년 강연차 광주를 방문했을 때 나환자들과 더불어 살고 있는 무등산 그의 토굴까지 찾아가 형님이라 부르며 큰절을 올렸다 하니 과연 그는 고난의 늪에 핀 연꽃이라 해도 과언은 아닐 것이다. 실로 그는 주의 가르침을 실천코자 한 목숨 불태운 산 순교자였다.

그에게는 별칭이 많다. 한센환자들의 아버지 - 소록도의 대부 - 한국의 다미엔 - 오방- 성자의 지팡이 - 빈민운동의 아버지 - 구라운동의 대부 - 화광동진 - 우리 시대의 마지막 성자 - 등이다. 화광동진和光同塵이란 성자의 본색을 감추고 중생과 함께한다는 의미로, 함께 일하자는 백범의 권유를 사양하자 김구 선생이 써준 휘호다. 오방五放은 명예욕과 물욕, 성욕, 식욕, 종교적 독선까지 '다섯까지 집착으로부터 해방'을 뜻한다.

1880년 5월 4일 광주 불노동에서 7남매 중 둘째아들로 태어난 그는 젊은 시절 체격 좋은 건달 깡패였다. 화순 장날이면 사람들이 서낭당에 돌을 던지며 '오늘 장에 가서 최흥종을 만나지 않게 해 주시오' 라고 빌 정도로 구한말 광주 화순에서 싸움꾼으로 유명했다.

싸움꾼이었던 그가 새사람이 된 것은 1904년 광주 양림동의 유진 벨(E. Bell. 미국 남장로교 소속) 선교사 집에 드나들다가 선교사들의 헌신적인 희생봉사에 감동을 받고 복음을 받아들여 광주의 첫 번째 교인이 되면서부터다. 이후 그는 술과 담배를 끊고 건달패 같은 생활도 완전히 청산했다. 교회 집사로

봉사하며 신실한 신앙인으로 살아갔다. 그의 나이 24세 때다

1905년에는 생업을 위해 순경이 되었는데 의협심이 강한 그는 의병을 살려 준 일로 일본 헌병대에 연행되어 하마터면 죽을 뻔한 일도 있었다. 1907년엔 그마저 그만두었다. 애국지사 탄압을 보고 더 이상 마음이 허락지 않았던 것이다. 그리고 영광군 염산교회 전도사로 봉사했다.

그러던 1909년 4월 어느 날, 광주 양림동에 있던 선교부에서 어학교사로 일하며 선교사 웰슨 의사에게 한국말을 가르치고 있을 무렵, 포사이드 선교사를 만나면서 아름다운 경험을 하게 된다.

이 일을 계기로 그는 훗날 나환자들의 아버지가 되어 성자의 삶을 살게 된다. 광주선교부에서 목사이면서 의사로 일하던 오웬(C. C. Owen) 선교사가 열병과 폐렴으로 위독해지자 마침 목포에서 의사로 활동하고 있던 포사이드(W. H. Forsythe) 선교사를 급히 불렀다. 교통이 불편하던 때라 포사이드는 목포에서 배를 타고 영산강을 거슬러 나주로 올라왔는데 광주에서 최흥종이 영산포로 마중을 나갔다. 둘은 여기서 말을 타고 광주로 향하던 중 효천에서 길가에 쓰러져 신음하며 죽어가는 여자를 보고 급히 말에서 내려 일으켜보니 그 여자는 한센병(문둥병)환자였다.

사랑하는 친구 오웬 선교사의 생명이 위독하다는 전보를 받고 황급히 달려가는 중이었지만 죽어가는 나환자를 못 본 체하

고 돌아설 수가 없었다. 당시 문둥병은 하늘이 내린 형벌이라 여기고 전염될까 두려워 환자가 가까이 오면 질색하며 돌을 던지고 혐오하던 시절이었다. 심지어는 문둥병자가 봄이 오면 보리밭에 숨어 있다가 어린이가 지나가면 잡아다 죽이고 간을 빼먹는다는 흉흉한 소문도 있어 사람들이 짐승만도 못하게 여겼다. 그런데도 그는 환자를 말에 태우고 자신은 선한 사마리아인처럼 걸어서 광주까지 갔다. 그럭저럭 광주에 늦게 도착하니 구원을 기다리던 오웬 의사는 이미 숨을 거두고 말았다.

도착 즉시 그는 환자를 광주선교부 소속 제중병원에 입원시켰다. 그러나 다른 환자들의 반발이 심해 어쩔 수 없이 근처 벽돌 굽던 가마터로 옮겨갔다. 이때 악취가 진동하고 손발에서 고름이 나오는 여인을 두 손으로 안고 옮기다가 여인이 지팡이를 놓치자 포사이드는 옆에 있던 최흥종 집사에게 "여보시오, 미안하지만 저 지팡이를 좀 집어줄 수 있겠소?" 했다.

나환자의 진물이 묻어 얼룩진 지팡이였기에 최흥종 집사는 당황하여 한참 망설이다가 죽을 힘을 다하듯 용기를 내어 지팡이를 집어주었다. 순간 문드러진 나환자의 얼굴에서 작은 웃음꽃이 피어났다. 그러나 그는 이 일로 큰 충격을 받았다. 심리적 충격이었다. 그 즉시 집으로 가서 깊이 자기를 반성했다. "서양 선교사는 낯선 나라에 와서 문둥병자도 끌어안는데(아무리 문둥병자라지만) 나는 왜 내 동족의 지팡이도 제대로 잡지 못하는가?"하며 고뇌하다가 그러한 힘은 오직 '예수'를 믿는 민음에서 나온다는 것을 깨닫고, '진짜교인'이 되기로 결심했다. 작은 예수로 거듭나는 중생의 체험이었다. 문둥이가 된 것도 기가 막힌 일인데 가족으로부터도 버림받고 이웃들로부터 돌팔매질을 받아 가슴마저 찢겨나는 나환자들의 기막힌 설움이 바로 그의 설움이 되어버린 것이다. 이후 그는 제중원(현 광주기독병원)에서 포사이드 선교사와 함께 나환자 돕는 일을 하게 된다.

포사이드 선교사가 광주에 부임해오자 나환자를 따뜻하게 도와준 사건이 널리 알려지면서 환자들이 몰려왔다. 양림동 병원에서 선교사가 문둥병자를 데려다 치료했다는 이 소문으로 인해 양림동은 밀려드는 환자들로 나환자 부락이 형성되었다. 선교사들은 급히 양림동에 세 칸짜리 초가집을 마련해 7명의 환자를 수용했다. 그런데도 계속 밀려드는 환자를 감당할 수 없자 이에 최흥종은 봉선리에 있는 자신의 땅 천 평을 기증하여 1909년 나환자 진료소를 설립하였다. 그리고 1912년에는 정식으로 요양원 건물을 지었는데, 이것이 한국 최초 한센병 전문병원인 '광주 나병원'의 시초이다.

포사이드는 빈민들이 있는 곳엔 어디나 찾아가서 전도하고, 집 없는 거지는 병원에 데리고 가 치료하고 의식衣食까지 정해주고, 목매여 끌려가는 개가 있으면 따라가서 돈을 치르고 놔주었고, 닭이나 물고기조차 그렇게 했다. 사람들은 포사이드 선교사를 '작은 예수'라 불렀다. 최흥종도 포사이드의 이런 희생적 사랑에 감동되었기에 자기 토지 천 평도 그의 사업에 기증했고 자기도 일생 동안 나환자의 벗이 되어서 살았던 것이다.

같은 해 최흥종은 광주 북문안교회(현 광주제일교회) 초대 장로로 임직되었다. 그리고 1915년, 35세 되던 해 평양신학교에 입학하면서 북문밖교회(현 광주중앙교회) 전도사 일을 하였다. 그러나 포사이드와의 만남으로 변화된 최흥종은 무엇보다 광주나병원 일에 열심을 냄으로 그 일의 주역이 되기도 하였다.

동시에 그는 민족운동에도 열심이었다. 1919년엔 서울로 가서 김철과 함께 3.1운동을 주도하다 검거되어 대구에서 3년간 옥살이를 했다. 광주학생 만세사건 때는 6개월간 감옥에서 고생하기도 했다.

1920년 출옥 후에는 광주기독교청년회(YMCA)를 창설하고 후에 회장을 역임하기도 했다.

1921년 41세 때 평양신학교를 졸업하고 목사 안수를 받은 후 다음 해 북문밖교회 초대 당회장이 되었는데 여기서 목회할 때는 교인들로 하여금 겨울부터 봄 보릿고개까지 나환자들의 식사를 책임지게 했다. 이 헌신적 사랑 때문인지 나환자와 걸인들은 어디를 가나 최 목사만 보면 '아버지'라 불렀다.

장로교 총회에서 1923년 시베리아 교포들을 위한 선교사를 구할 때 그는 자진해서 목숨 걸고 갔다. 한국 독립군 7백여 명이 러시아군에게 학살당할 때 당국에 찾아가 항의도 하고 인권 운동에 앞장섰다. 1년 후 러시아 정부는 그를 추방해버렸다. 그 후 1927년에 다시 시베리아로 들어가다가 체포되어 스파이 취급을 받고 사형장까지 끌려갔으나 기지를 써서 기적적으로 살아났다.

그는 고향에 돌아와서 다시 구라사업에 열중했다. 최흥종 목사가 나환자를 업어서 광주 나병원에 입원시키면 함께 활동하던 쉐팅 선교사는 그들에게 옷을 갈아 입혀주고 먹을 것을 주었다.

한편 광주 나병원에 환자들이 넘치자 이웃 주민들의 항의로 나병원은 1926년 여수반도 끝자락 율촌으로 옮겨갔는데, 그것이 오늘의 '여수 애양원'이다. 1932년 최흥종은 윤치호, 김병로, 이인, 송진우, 조만식 등 유명 인사들과 함께 '조선나환자근절협회'를 창설하였다.

그리고 거리에서 유리걸식하다가 죽어가는 나환자들의 치료와 생계문제를 위한 대책을 세워달라고 조선총독부에 지원을 요청했는데 아무런 반응이 없자 그는 1939년 전국에서 모인 오백여 명의 나환자들과 함께 광주에서부터 11일을 걸어 총독부 안마당까지 쳐들어갔다. 만나줄 리 없는 총독을 부르며 7시간 연좌 농성 끝에 우가끼 총독을 만나 마침내 결판을 내고 소록도 갱생원을 개설하겠다는 약속을 받아냈다. 이것이 바로 조선총독부를 향하여 벌였던 그 유명한 '나환자행진' 이다.

그러나 노회로부터 그의 '걸인목회'를 비난하는 자들이 생겨나서 제도권 교회에서 추방을 당했다. 제도권 교회가 그의 헌신적 열정을 감당할 수 없었던 것이다. 그의 사위 강순명 목사나 감리교의 이용도 목사가 당한 배척과 유사하다.

1935년, 그의 나이 55세 때부터 최흥종의 삶은 '기행奇行'의 연속이었다. 친구인 세브란스병원 오긍선 박사를 찾아가 거세수술을 받았으며, 또한 묵상 중에 자신이 십자가에 못 박히는 고통을 체험한 후에는 다음과 같은 〈사망통지서〉를 주위 사람들에게 발송했다.

"인간 최흥종은 이미 죽은 사람이니 차후에 거리에서 나를 만나거든 아는 체하지 말아 주시오."

그리고 가사家事로부터 방만放漫, 사회로부터 방일放逸, 경제로부터 방종放縱, 정치로부터 방기放棄, 종교로부터 방랑放浪한다는 뜻으로 '오방五放'을 자신의 호로 정하고 선언하였다.

사망신고서를 보낸 후 그는 무등산에 은거하면서 성경과 도덕경을 더 깊이 추구하면서 누더기를 걸치고 걸인처럼 살았다. 그러나 그의 삶은 하늘의 거룩한 불길 속으로 이어졌다. 모든 일상의 체면과 허위를 버리고 오직 그리스도를 닮아가는 성화의 삶을 살았다.

그는 당시로서는 드물게 광주 최초인 수피아여고 1회 졸업생인 딸도 권세가나 명망가, 부잣집에 시집보내지 않고 보통학교 출신에다 부모도 없고 가난뱅이인 청년을 택해 시집보냈다. 지금은 보잘것없으나 미래의 됨됨이를 예측하고 자기처럼 헌신적 사명에 불타게 될 청년을 택했으니 그가 바로 강순명 목사다. 이웃을 섬기라는 예수의 가르침에 미치지 않고는 할 수 없는 결단이다. 실제 강순명은 훗날 최흥종 목사의 기대에 어긋남 없는 삶을 살았다.

8.15해방과 함께 정부의 강요에 의해 전남건국위원장직을 맡았으나 14일 만에 사퇴했다. 한때는 전남 도지사 고문(자문위원)이 되기도 했다. 당시 그는 광주의 명사였다. 함께 정치를 하자는 백범 김구 선생의 부탁도 뿌리치고 어떤 명예나 권세보다 오로지 불쌍한 이웃들에게만 관심을 기울인 그는 〔한국나예방협회〕, 농민지도자 양성소인 〔삼애원〕, 음성 나환자를 위한 시설 〔호혜원〕, 결핵환자 수용을 위해 〔송정원〕, 등을 설립하여 걸인과 병자들을 위한 구제 사업에 앞장섰다. 말년에는 나환자촌에 들어가 토굴에서 함께 살기도 했다.

임종 전에는 광주 양림동 YMCA 근처에 겨우 사람 하나 누울 수 있는 성냥갑 같은 집을 짓고 살았다. 자리에서 일어나지 못하니 허공에 성경책을 매달아 놓고 누워서 읽었다고 한다. 그는 '이제 살만큼 살았다'며 1966년 2월 10일부터 단식에 들어가 95일 만에 86세를 일기로 생을 마감하였다. 광주사회장으로 치러진 장례식에는 광주 인근 걸인들과 무등산에서 온 결핵환자들, 여수와 나주에서 올라온 한센병환자들 등 수많은 인파가 몰려들어 "아버지, 아버지" 하며 통곡하였다.

이처럼 최흥종은 낮은 곳에서 빈민들과 함께 살면서 성자 다미엔 신부와 같이 거룩한 삶을 살다 간, 한국교회사에서 빼놓을 수없는 위대한 인물이었다. 실로 조선이 낳은 세계적인 성자라 아니할 수 없다. 지금도 소록도에는 '나환자들의 아버지'라는 제목과 함께 최흥종 목사를 설명하는 안내간판이 서 있다.

한국의 프랜시스 - 강순명 목사

최홍종 목사를 이야기할 때는 그의 사위 강순명 목사를 언급하지 않을 수 없다. 여고 출신 처녀는 대학 나온 청년에게 시집가던 시절임에도 불구하고, 광주 수피아여고 1회 졸업생인 딸을 일본유학 다녀온 청년을 거절하고 가진 것도, 배운 것도, 부모도 없는 건달 같은 청년을 골라 시집을 보냈으니 그가 바로 강순명이다. 최홍종 목사의 안목도 놀랍거니와 장인의 기대에 어긋나지 않는 삶을 실천한 강순명 목사도 평범함을 초월한 위대한 인물이다.

고달픈 민중들에게 줄 것이 없어 괴로워하는 목사, 철저히 가난하게 살면서도 예수의 사랑을 실천하기 위해 몸부림치는 목사, 주의 사랑에 감격하여 하늘을 우러러보며 남몰래 눈물 짓던 목사! 그가 바로 강순명 목사다. 그의 성경관은 후에 이현필 선생이나 조선대학을 설립한 박철웅 총장에게 영향을 주기도 했다.

강순명 목사는 마음이 착하고 자비한 분이었고 바로 살아보려는 이상주의자였고 성자타입의 인물이었다. 그는 철저히 예수를 닮으려고 노력하신 분이었는데 길을 가다가 헐벗은 사람을 보면 입고 있던 자기 옷을 벗어 바꿔 입기도 했다.

또한 다리 밑에 있는 불쌍한 고아를 찾아가 안고 울며 "내 아들들아, 내가 너희와 함께 살아야겠는데 이러고 있구나 …"하며 하룻밤을 지내고 이튿날 아침에 자기 집에 돌아가면 아내는 구박을 하며 '고아의 몸에서 이가 옮았다'고 가까이 오지 못하게 하기도 했다. 여수 애양원에 가서는 나환자들을 가슴에 얼싸안고 위로해 주곤 했다.

어느 날 아내가 없는 사이에 거지 여자가 구걸을 왔다. 그래서 장롱을 뒤져 아내의 세루치마를 꺼내 주면서 빨리 가라고 했는데 공교롭게도 대문에서 아내와 맞닥뜨렸다. 거지를 붙잡고 사실을 안 성난 아내는 강 목사에게 싸움을 걸어 왔다. '집을 보라고 하니 도리어 남의 장롱을 뒤져 간직해 둔 세루치마까지 거지를 주는 법이 어디 있느냐?'고 따지자 강 목사는 이불을 뒤집어쓰고 죽은 듯 아무 대꾸를 하지 않았다. 후에 말하기를 "신학교 때문에 예수 바로 못 믿고 목사 때문에 예수 못 믿고 가정 때문에 예수 못 믿는다."고 말했다고 한다.

강순명!

그는 어려서부터 체력이 좋고 성격도 드센 아이였다. 그래서 부모는 그에게 순종하는 아이가 되라 해서 이름을 순명으로 지었다고 한다. 징용으로 조선 청년들을 끌고 가는 일본순사가 길에서 청년들을 구타하는 것을 보고 분개한 강순명이 박치기로 일본순사를 받아버렸다는 사실만 봐도 그 성격이 어느 정도인지 알 수가 있다. 그런 그가 예수를 주로 영접한 뒤 철저하게 말씀에 순종하는 사람이 되고 만 것이다.

1920년대 한국 교회의 가장 전위적인 전도단이었던 '독신전도단'을 창설한 강순명姜順明은 1898년 3월 24일 광주 방림동 가난한 농부의 둘째 아들로 출생했다. 모태신앙으로 출생한 그의 어린 시절 경험은 가난에서 출발했다. 아홉 살 때 부친이 별세한 후 어머니와 형(강태성, 후에 광주중앙교회 장로)과 함께 '살 길을 찾으러' 목포로 갔으나 고생만하고 다시 광주로 돌아왔다.

그는 남장로회 선교부에서 운영하는 숭일학교에 입학하여 1911년 보통과를 졸업했는데 그 해 '믿음 좋은' 어머니마저 별세하였다. 이때부터 긴 방황의 세월을 보냈다. 형이 차려준 이발소를 운영하였으나 돈 벌 생각은 별로 없었다. 주먹 싸움도 종종 벌였는데 '박치기 명수'로 이름을 날린 것도 이때 일이다.

그러다 1918년 10월, 광주 최초 교인으로 북문안교회(현 광주제일교회) 장로였던 최흥종의 딸(최숙이)과 결혼하면서 생활의 안정을 찾았다. 그때 장인은 평양신학교 재학중이었는데 1919년 삼일운동이 일어나자 광주 만세시위를 준비하였고, 직접 서울에 올라가 남대문 시위를 주도하다가 체포되어 1년 6개월 옥고를 치르고 내려왔다. 장인은 1921년 신학교를 졸업한 후 광주 북문안교회 초대 당회장 목사로 부임하여 이후 광주가 낳은 '성인'聖人 목회자로 이름을 남겼다. 강순명이 이런 장인에게 신앙적 지도를 받았음은 물론이다.

회심과 전도 소명

강순명은 1921년 3월 이발소를 처분하고 일본으로 건너가 도쿄 세이소쿠正則중학교에 입학하였다. 1923년 9월 유명한 도쿄 대지진이 일어났다. 지진으로 인한 두려움도 컸지만 지진 직후 조선인들을 닥치는 대로 학살하는 일본 자경단의 만행이 더욱 두려웠다. 그때 학살당한 조선인들이 5천 명이 넘었다. 그도 우에노공원으로 피신하였다가 절체절명의 위기 순간에 몰려 기도를 드리기 시작했다.

"하나님, 내게 사흘만 더 살게 해 주시기 바랍니다. 그렇게 해 주신다면 나의 모든 죄를 청산하고 죽겠습니다. 주 예수님,

사흘만! 사흘만!"

살육의 광풍이 몰아치는 공원에서 강순명은 난생 처음 뜨겁고도 깊은 기도를 드렸다. 눈물을 흘리며 죄를 자백하는 기도가 터져 나왔다. 긴 기도 후 평안이 찾아왔다.

"나의 일생은 온전히 주님을 위해 살리라."

강순명이 중생을 체험하는 순간이었다. 강순명은 우에노공원 회심 체험 1년 후인 1924년 7월 귀국했다. 그 무렵 YMCA 운동가 에비슨 선교사가 광주에 내려와 농촌사업에 착수하였는데 그는 에비슨의 서기가 되어 전라도 일대를 순회하며 농촌운동가로 활동하기 시작했다. 정열적으로 일에 매달렸다. 이때 비로소 그는 농촌 현실에 눈을 뜨게 되었다. 일제의 농지 수탈정책으로 농촌의 경제 위기는 심각한 수준이었다. 그런데 사업을 시작한 지 얼마 되지 않아 미국의 경제 불황으로 선교비가 줄어드는 바람에 농촌 사업을 중단해야 했다. 그러나 경제보다 더 심각한 것은 영혼의 구원 문제였다. 강순명의 기도 시간이 늘어났고 이 무렵부터 그의 기행(?)이 시작되었다.

"강순명은 혼자 텅 빈 교회당에 들어가 밤을 새웠고 눈물의 열도熱禱로 제단을 적시기도 했다. 동시에 그는 거리에서 거지를 보면 몇 푼 되지 않는 돈이지만 털어주었고 헐벗은 이를 만나면 단벌옷을 아끼지 않았다. 고아를 보면 업어왔고 병자를 보면 목을 안고 간절히 기도해 주었다. 그는 가끔 길을 가다가 멈춰 서서 하늘을 우러러보고 눈물을 흘리며 한숨과 함께 '주님!'을 부르짖기도 하였다. 때로는 폐병환자를 찾아가 위로해 주며 외로운 그들과 함께 자리를 같이해 주기도 했다. 나환자를 만나면 손을 내밀어 잡아주고 등을 두들겨 주었다. 그는 마침내 뜻을 정하고 집을 나섰다."〈윤남하, 《믿음으로 살다 간 강순명 목사 소전》, 74-75쪽.〉

그는 유명하다는 명사들을 찾아 나섰다. 가르침을 얻기 위함이었다. 윤치호, 백낙준, 김활란, 노정일, 신흥우, 현동완, 김창제, 조만식 등 유명하다는 인사들은 모두 만났고 무교회주의자 김교신과 금강산 '은둔 수도자' 김성실도 만났다. 그런데 1928년 여름 금강산에 들어가 기도하던 중 전주 서문교회 배은희 목사를 만났다. 삼일운동 때 옥고를 치른 바 있는 배은희 목사 역시 농촌 현실 문제와 민족주의, 사회주의 사상 문제로 고민하다가 신경쇠약 증세를 보여 요양차 금강산에 들어와 강순명을 만났다.

기독교와 사회주의 사이에서 사상문제로 갈등하던 배목사가 금강산 연못에 몸을 던져 자살을 시도하자 강목사가 즉시 뛰어들어 목숨을 구했다. 이 일을 계기로 둘은 '마음을 터놓는' 사이가 되었다. 둘은 신앙으로 농촌을 살리기 위한 구체적인 방안을 찾았다. 그렇게 해서 나온 것이 〔독신전도단〕이다.

독신전도단 운동

금강산 기도를 마치고 돌아온 배은희 목사와 강순명은 동지들을 구했다. 우선 전주서문교회 장로들이 지지하고 나섰다. 이들은 1928년 7월 독신전도단 강령을 발표하며 단원을 모집하였다. 독신전도단은 누가복음 14장 26절 말씀과 마태복음 9장 12절 말씀을 근거로 삼았다. 복음 전도를 위해 철저히 자신을 바치는 헌신을 목적하였다.

강순명은 일본 유학 시절 알게 된 일본의 빈민 전도자 가가와賀川豊彦의 저서 《가난한 자의 눈물》, 《농민운동의 실제》, 《노동운동사》, 《한 알의 밀》 등을 읽으면서 터득한 기독교 사회주의(Christian Socialism) 정신을 농촌 현장에서 실천하려 노력하였다. 즉 초대교회와 같은 기독교 신앙 공동체를 농촌에서 구현하려 하였다. 그러기 위해서는 십자가 정신으로 자신(개인)을 희생하여 농촌(사회)을 살리는 일에 헌신할 전도자들이 필요했다.

독신전도단원은 적어도 3년간 가정생활(성생활 포함)을 피하고 독신으로 농촌에 들어가 주간과 야간에 부녀자들과 가난한 아이들을 가르치고, 주일이면 전도자로 설교하고, 마을 단위로 농촌 협동조합과 소비조합을 조직하여 농촌 경제를 구조적으로 개선하며, 기초 상비약을 준비하여 환자 치료까지 할 수 있어야 했다. 독신전도단에 지원한 남녀 청년 10여 명은 익산 옛뚝이부락에 있는 훈련원에 들어가 사관학교식으로 6개월 훈련을 받은 후 전북 익산, 전남 광산 등지로 파송받아 농촌 사업과 복음 전도에 헌신하였다. 강순명 자신도 제주도 모슬포교회로 가 독신전도단원으로 활동하였다.

독신전도단원들의 열심과 헌신의 결과는 여러 곳에서 나타났다. 이들은 보수도 받지 않고 어려운 농촌으로 들어가 몸을 사리지 않고 헌신했다. 그러나 전도단의 성공은 다른 곳에서 탄압과 시기를 불러왔다. 농촌운동이 민족운동으로 발전하는 것을 두려워한 일제 경찰당국이 노골적으로 독신전도단 활동을 방해하였고 독신전도단에 대한 교인과 지역 주민들의 호평에 위기감을 느낀 기성 교회 목사들의 비난도 점증했다.

1931년 접어들어 독신전도단원들이 제일 많이 활동하고 있던 전북노회에서 독신전도단을 '이단'으로 정죄하려는 분위기가 일기 시작했다. 이런 상황에서 배은희 목사는 이단 시비의 원인이 되는 '독신'이라는 단어를 빼고 '복음전도단'이란 명칭으로 내용을 바꾸어 계속하려 하였으나 강순명은 '독신'을 고집하였다. 결국 둘은 갈라섰다. 그러나 복음전도단도, 독신전도단도 오래 가지 못했다.

독신전도단 해산과 함께 모슬포교회를 사임하고 다시 광주로 돌아온 강순명은 다시 에비슨과 함께 1932년 광주농업실수학교를 설립하고 농촌사업 지도자를 양성하는 일에 몰두했다. 훗날 '맨발의 성자'로 불리게 되는 동광원 창설자 이현필이 이때 실업학교 학생으로 들어왔다. 강순명은 이 무렵 오랜 독수도 끝에 성경 말씀에 통달하여 금욕과 청빈, 무욕의 도를 실천하고 있던 '도암의 성자' 이세종과 교류하기 시작하였고 역시 이세종과 같은 수준의 금욕적이고 청빈한 수도생활을 실천하고 있는 장인 최흥종 목사와 정신적으로 하나가 되었다. 이세종–최흥종–강순명–이현필로 이어지는 '호남 영맥靈脈'이 형성된 것이다.

사실 강순명은 도쿄에서 귀국한 1924년 이후 이미 '가난한 이들과 함께 하는 삶'을 실천해 청빈의 삶으로 일관했다. 처음부터 그에겐 집이 없었다. 보다 못해 형이 17평짜리 집을 한 채 지어주어 그의 가족 여섯 식구가 비로소 자기 집에 들어가 살게 되었다. 그런데 그 무렵 광주에 들어온 성결교회가 예배당 신축을 위해 이성봉 전도사를 데려다 부흥회를 하였는데 강순명이 그 부흥회에 참석했다가 그 집을 건축 헌금으로 바쳐 그의 가족은 다시 셋방으로 나앉게 되었다. 이런 식이었다. 그 무렵 광주에는 불신자들까지 "예수를 믿으려면 강순명처럼 믿어라."는 말이 돌았다.

강순명은 처음엔 '평신도 전도인'으로 끝내려 하였지만 에비슨의 권고로 목회자가 되기로 하고 1934년 감리교 계통인 서울감리교신학교에 입학하였다. 이듬해 평양 장로회신학교로 옮기면서 그곳에서 1년밖에 공부하지 못했지만 진보적 신학자 정경옥 교수로부터 많은 감화를 받았다. 졸업반 때 평양 신학교는 신사참배 문제로 폐교되어 결국 그는 통신과로 한 학기 수업을 마친 후 졸업장을 받고 1938년 11월 전남노회에서 목사 안수를 받았다. 이후 남평교회, 전북 금암교회, 용강 온천교회 등지에서 목회했으나 시국 상황 때문에 한 곳에서 오래 머물지 못했다.

1939년부터 1942년 사이 즉 일제 말에 그는 정진철(후에 목사), 여자 두 명을 대동하여 소위 '칼갈이대'를 조직해서 전국으로 전도여행을 다니며 집집마다 '면도칼 가시오.'라고 소리치고 다니며 칼을 갈아서 번 돈으로 구제사업을 했다. 거리 청소를 하고 남의 집 변소를 쳐주고 다녔다. 사람들은 이렇게 남보다 구별되게 사는 이들을 보고 이단이라 몰아세웠으나 그들은 기쁨이 충만했다. 1942년 11월 목사직을 사임한 후 서울로 올라와 신사참배를 거부하고 숨어 예배드리는 교인들의 신앙을 지도하면서 해방을 기다렸다.

연경원 설립

해방 직후 강순명 목사는 대대적인 구령운동이 일어날 것을 예감하고 전도자 양성에 착수했다. 북아현동(후에 원효로로 이전)에 적산 한 채를 얻어 '연경원'研經院이란 간판을 걸고 주로 북에서 피난 온 학생들을 합숙시키며 낮에는 노동하고 밤에는 성경을 가르쳤다. 일종의 신학교였다. 학교 운영은 독신전도단과 농업실수학교 방식으로 혹독했다. 처음 시작할 때는 20명이던 학생이 2년 만에 120명으로 늘었다. 그러다 보니 연경원 출신들의 목사안수 문제가 불거졌다. 결국 이 문제로 강순명 목사는 그때까지 소속해 있던 장로교 군산노회로부터 '사사로이 안수하여 교계의 질서를 파괴하는 행동을 하였다.'는 이유로 제명당하였다. 강순명 목사는 담담하게 군산노회의 결정을 받아들였다.

이후 강순명 목사는 동석기 목사의 권유를 받고 그리스도의 교회로 소속을 옮겨 원효로교회, 부산교회, 광주교회를 담임하였고 1952년 광주 천혜경로원을 설립하기도 했다. 말년에는 다시 서울로 올라와 1955년 신촌에서 제자들과 함께 남의 집 변소 치는 똥통 인부가 되어 집집으로 변소 치워주러 다니고 얼마씩 받은 돈으로 남을 구제했다.

신촌 언덕에 토굴을 파고 '연경신도원'研經神道院을 만들고 기도생활을 하다가 건강이 악화되어 광주로 내려가 요양하던 중, 세상 떠날 때 머리 맡에서 우는 딸에게 '나를 위해 울지 말고 너를 위해 울라'고 타이르면서 별세하셨다. 1959년 3월 12일 밤 9시 40분. 그의 나이 62세. 봄이 막 나타나는 시절이었다.

평생 가난과 함께 하며 가난을 통해 그리스도 진리를 터득하고 실천했던 전도자, 그러했기에 소유와 명예, 교리나 신조, 제도와 교권으로부터 자유로웠던 '독신' 전도자였다.

주님을 향한 강순명의 기이한 행적과 열심!

그러나 조선의 기존 제도권 교단은 그를 도저히 수용할 수 없었다. 프랜시스 부친이 프랜시스의 기행을 용납하지 못하는 것처럼 말이다. 결국 장로교 군산노회는 그를 면직시키고 말았다. 이것은 지금도 종종 나타나는 우리들의 슬픈 자화상인지도 모른다.

그는 분명 한국의 프랜시스였다. 다른 점이 있다면 프랜시스와 달리 결혼을 해서 가정이 있다는 점이다. 그럼에도 불구하고 그는 '독신전도단'을 구성하여 가정을 등지고 전국을 순회하며 전도와 구휼에 힘썼으니 가족들의 고생을 어떻게 표현하랴. 그 고생은 주님만이 아실 일이다.

그의 첫 번째 부인 최숙이 사모는 그렇게 17년 동안 고생만 하다가 세상을 떠났다. 재혼을 했는데 강순명 목사의 스타일은 조금도 변함이 없었다. 그래서 그랬을까? 그는 죽으면서 부인에게 미안한 마음을 표했다.

"아내 좋은 것을 이제 알았다. 그동안 고생을 너무 많이 시켜서 참으로 미안하오. 주님 감사합니다."

(지금도 전남 광주에 가면 강순명 목사가 세운 '천혜원'이라는 양로원이 있다. 아들이 이어받아 유지를 계속 이어가는데

얼마나 지극정성 사랑으로 섬기는지 할머니들이 떠나길 싫어한다고 한다.)

조선의 성자 - 이세종 선생

이세종 선생은 평생을 예수로 만족하며 산 하나님의 사람이다. 성경을 바탕으로 〔금욕생활〕, 〔절대 청빈〕, 〔생명 경외〕를 실천한 신앙은 한국 기독교 수도원운동의 원류로서 그 의미가 크다. 예수를 만난 후 자신은 공公이 되길 바라며 '이공'으로 불러주길 바랐다. 주 앞에서 자신을 낮추는 겸손한 고백이리라.

그는 순결을 강조하며 아내에게 남매처럼 지내자고 했다. 1961년 3월 1일자 제자인 이현필의 일기에 의하면 '주님과 똑같았던 이세종님'이라고 추모하였다. 소문을 듣고 찾아간 감리교신학대학 정경옥 교수는 〈월간 기독교사상〉지에 이 선생을 소개하며 '조선에 성인이 나왔다'고 소개하였다.

이세종(李空)은 1880년 전라남도 화순군 도암면 중촌 등광리燈光里에서 출생하였다. 이 동네는 천태산 기슭에 있다. 현재 이 마을에는 등광교회(예장 대신측, '수레기 어머니'의 아들 이원희 장로, 현 담임 정칠용 목사 시무)가 있다. 이 근처에 있는 '천태수양원'은 이선생의 제자인 김광석과 이상복이 40년 넘게 기도하면서 지킨 곳으로 이세종이 복음의 진리를 터득한 산당山堂터다.

이공의 어릴 때 이름은 '영찬'이었다. 어릴 적부터 성실하고 정직했으며 부지런하여 사람들로부터 칭찬을 많이 들었다. 조실부모하여 남의 머슴 노릇을 하면서도 혼자 노력하여 한글을 배웠다.

세인으로부터 '도암의 성자'로 불리는 이세종은 본래 가난한 집에서 태어났다. 어릴 적부터 머리가 비상하고 영리했다고 한다. 집에서 부모에게 매 한번 맞지 않고 자라날 만큼 허물이 없었다. 남의 집 머슴을 살다가 결혼하고부터 악착같이 돈을 모아 십년 새 등광리에서 제일 부자가 되었다. 토지를 백 마지기 가까이 소유한 지주가 되었다.

흉년이 들었던 어느 해, 먹을 것이 없어 전답을 파는 가난한 농부들의 논 오십 두락을 한꺼번에 사들이기도 했는데, 예수 믿고 나니 그것이 다 후회가 되어 자기가 손수 땀 흘려 번 재산만 남겨두고 그 밖의 재산은 처분했다. 그때 그 사람들이 토지를 헐값에 팔면서 얼마나 원통했겠느냐며 회개하는 마음이었다.

부인 문순희(후대에 '한골 어머니'로 불림)는 14세 때 30세였던 이세종과 결혼했으나 아이를 낳지 못하였다. 나이 40세가 되어서도 자식이 없으니까 무당을 데려다 굿을 하는데 무당이 자식을 얻고 싶으면 불당을 짓고 정성을 드려야 한다기에 명당자리를 찾아 여기저기 다니다가 바로 이 산당山堂터에 자리를 잡았다. 공은 무당이 시키는 대로 지하방까지 갖춘 2층짜리 산당을 짓고 몸을 씻기 위한 연못까지 팠다. 거기서 하루 열두상 차리는 제사를 지내며 기도하던 중 우연히 성경을 얻어 읽다가 그것이 '생명의 말씀'인 것을 깨닫고 제구를 치우고는 말씀 공부에 들어갔다.

성경책은 산당을 지은 목수가 놓고 갔다는 설도 있고, 나주에서 이사 온 교인이 빌려주어 읽었다는 설도 있다. 40여세에 복음의 진리를 터득하고 나서 그는 산당에서 본격적인 독수도獨修道에 들어갔다. 성경 외에 다른 책은 읽지 않았으며 깨달은 말씀은 그대로 실천을 했다. 성경 한 구절 읽고는 그대로 실천했다.

그는 독사도 죽이지 않았다. 자기 발밑에 깔린 개미의 죽음을 보고 울기도 했다. 산길을 걸어가면서 길에 뻗어 나온 칡넝

쿨까지도 꼭 옮겨 놓고야 지나갔다. 고기는 물론 생선도 먹지 않았으며 빈대와 파리도 죽이지 않았다. 철저하게 자기를 부인하려는 뜻에서 이름을 '빌'공자를 붙여 '李空'으로 바꾸었다.

재산을 팔아 교회에 헌납하거나 가난한 사람들에게 나눠주었으며, 자기에게 빚진 마을 사람들의 빚 문서를 불 질러 버리고 모조리 탕감해 주었다. 면面에서 이 소식을 듣고 그의 송덕비를 세워주니 그것을 땅에 파묻어 버렸다.

가을 추수를 해서 수입된 것으로 지출 항목을 만들 때에는 첫째로 복음 전도비, 둘째는 세금, 셋째는 남에게 갚을 것, 넷째는 구제비, 다섯째로 접대비(인사 차림)로 정했다. 성경을 유일한 행동지침으로 삼고 살아서 주변에서 그를 도인道人이라 불렀다. 광주에서 내려온 낙스(R. Knox 노라복) 목사에게 세례를 받았는데 이때 제자 이상복도 함께 세례를 받았다.

소수의 제자들에게 성서를 부지런히 교육하는데 전념을 다했다. 가끔 방산교회에 나갔는데 거기서 대를 이을 제자 이현필을 만났다.

그는 수도하던 화학산 산당을 '유산각'遊山閣이라 이름을 바꾸고, 밤이면 성경을 암송하고, 낮에는 인근 마을 청년들을 모아 놓고 부지런히 성경을 가르쳤다. 이 가운데 이현필, 이상복, 박복만, 이대영, 광주 이일학교 출신으로 전도부인을 하던 오복희, 등광리로 시집와 살던 수레기 어머니(손임순) 등이 있었고 목회자로는 최흥종, 그의 사위 강순명, 백영흠, 이만식, 최원갑 등이 성경 연구를 하기 위해 모였다.

그의 성경공부는 영해靈解 방법이었고 한 구절 한 구절을 해석한 것이 아니라 담화식이었다. '파라, 파라, 깊이 파라'는 말로 그들을 격려하였다. 그는 성경을 가르치면서, '훗날 그런 말씀 어디서 받았느냐고 묻거든 나에게 들었다 하지 말고 천태산 바위틈에서 들었다 하시오'라고 하여 '이세종파'가 만들어지지 않도록 경계하였다. 이곳이 훗날 동광원 운동의 산실이라고 할 수 있다.

이세종은 복음의 진리를 깨달은 후, 등광리에서 제자들을 가르치다가 일제 말기 신사참배 문제가 심각해지자 화학산 한새골로 들어와 3년 동안 산막에서 살았다. 산으로 들어온 후 세수도 목욕도 하지 않았고, '벽곡'(먹지 않고도 살 수 있다는 도교 수양법)에 가까운 금식 수도생활을 했다. 좁은 토굴을 쌓고 살면서 쑥을 뜯어먹고 지냈다.

동물이나 초목이나 무엇이든지 아끼고 생명을 존중히 여겼다. 살생을 일절 금하여 파리, 이, 쥐, 독사 등 사람에게 해로운 동물조차도 죽이지 않고 피할 길을 주어 자기들의 보금자리로 가게 했다. 구약의 잠언에서 의인은 육축의 생명도 아끼는 것이란 말씀을 실천하기 위함이었다. 금수곤충뿐만 아니라 잡초하나 다치지 않게 했으며, 나뭇가지 하나라도 다니는 길에 방해된다고 함부로 베어 버리지 말고 잘 붙들어 매어 주는 것이 좋다고 가르쳤다.

이공은 생선도 먹지 않았고, 피는 곧 생명이라는 성경의 주장에 따라 고기도 먹지 않았다. 닭을 길러 계란을 교회에 연보하는 것은 좋으나, 닭이 남의 곡식을 헤쳐 먹고 낳은 계란을 연보해서는 안 된다고 가르쳤다. 남의 것을 도적질해서 연보하지 말라고 엄히 가르쳤다.

늘 이공을 따라 다니면서 이런 생활을 지켜본 그의 제자는 말하기를 '이공께서는 언제나 말보다 행위로 가르치셨습니다. 오늘날 어디 가나 가짜가 많은 세상에서 이공 어른만이 순금인 純金人이었습니다'고 했다. 깊은 산 속까지 따라온 이현필, 이상복, 박복만, 오복희, 수레기 어머니 등 제자들에게 성경을 가르쳤다.

14세에 시집온 부인 문순희는 성격이 불같았으며 외향적이었다.

남편이 득도한 후 집안 살림을 돌보지 않는 것은 그래도 참을 수 있었으나, 순결을 지킨답시고 자신을 '아내가 아닌 누이'로 부르며 합방을 거부하는 것만은 견딜 수 없었다. 결국 그녀는 가출해서 다른 남자와 살림을 차렸는데 그때마다 아내의 세간을 옮겨다주고 그 후에도 계속 옛 아내가 사는 집에 심방 가서 전도하며 살림을 돌보기도 했다. 이런 일이 두 번이나 있었다. 그 때문에 남편은 '호세아'가 되었으며 자신은 '고멜'이 되었다.

그러나 말년에 이르러 문순희는 회개하고 첫 남편 곁으로 돌아와 남편의 마지막 3년 산중 생활을 수발했다. 남편이 죽은 후 그녀는 주위 사람들에게 '우리 남편은 참으로 성인이다'고 말했다고 한다. 그녀는 남편 무덤 곁에서 3년 상을 한 후 등광리 집에서 혼자 살다가 병들어 눕게 되었다. 그녀도 마지막 생애는 남편 따라 안빈낙도의 생활을 하였다.

밤에 잠잘 때는 자기 같은 죄인이 어찌 하늘을 마주 보고 눕겠느냐면서 옆으로 누워 새우잠을 잤다고 한다. 다른 신자들이 도우려 하면 절대 사양했다. 속죄의 생활을 실천한 것이다. 죽음이 가까워온 것을 알고 나서 병문안하러 온 정월순에게 부탁하여 능주 도장리의 집으로 옮겨져 요양하다가 보름 만에 77세의 일기로 별세하셨다(1971년).

이세종과 이현필의 아내를 모시며 병시중을 든 정월순과 정월례 자매는 이세종과 이현필을 만난 적은 없었지만 건너 마을 동두산교회의 송동근으로부터 이세종의 이야기를 듣고는 '이공님의 예수'를 믿기 시작하였다. 이들 자매는 제자의 도리로 두 '어머니' 병시중을 들었다. 동광원에서 연락을 받고 달려온 정인세 선생이 문순희의 임종을 지켜보았다.

별세하기 전 간호하는 이에게 성경을 읽어달라고 부탁했는데 특히 그녀가 좋아하던 말씀은 "잉태치 못하며 생산치 못한 너는 노래할지어다. 구로치 못한 너는 외쳐 노래할지어다. 홀로 된 여인의 자식이 남편 있는 자의 자식보다 많음이니라"(사

54:1)과, “보라 날이 이르면 사람이 말하기를 수태 못하는 이와 해산치 못한 배와 먹이지 못한 젖이 복이 있다 하리라”(눅 23:29)이었다고 한다.

이공은 별세하기 전 3년 동안 마지막 혼을 기울여 제자들을 가르친 후 죽기 사흘 전, 제자들을 시켜 나뭇가지로 발을 엮어 자신의 상여를 직접 만들게 했다. ‘좋은 옷 입혀 땅에 썩히면 죄가 되오. 나의 떨어진 헌 옷을 벗기고 새 옷을 입히는 자는 화를 받소’라고 명했다. 1942년 음력 2월 추운 날에 제자들은 그의 지시대로 산막 옆에 무덤을 만들어 ‘헌 옷’을 그대로 입혀 평토장으로 장사를 치렀다. 그의 시신은 화학산華鶴山 ‘한세골’에 묻혀 있다.

지극히 작은 자의 친구 - 김현봉 목사

멋진 교회 대신 가난한 교인 집 마련

- 중목사 김현봉(1884~1965) -

한국 교회가 물질로 인하여 세상으로부터 멸시의 대상이 된 요즈음, 불과 50년 전 개신교에도 이런 목사가 있다고 소개하면 믿는 이가 과연 몇이나 될까. 평생 예수의 청빈과 순결로 목회하신 분이 있으니 바로 김현봉 목사다.

평양신학교를 졸업하고 한때 서울 아현동에서 기성교회 목회를 했으나 교회 장로들 때문에 사임하고 나와 마포구 아현동

굴레방다리 근처에 7명 교인과 함께 교회를 개척하였으니 아현교회의 시작이다.

닭장을 개조하여 집을 만들어 예배를 드렸으며 계속 가난한 자들과 함께 검소하게 살았다. 별세할 때 1,000명의 교인이 있었지만 그의 생활은 거지에 가까운 검소한 생활을 하였다

서울 마포구 아현2동 354-21에 소재했던 아현교회는 1960년대 초까지만 해도 영락교회와 함께 서울에서 가장 신자가 많았다. 하지만 아현교회는 멋진 예배당도 교육관도 목사관도 없었다. 날로 늘어나는 신자들이 예배당에 들어오지 못하면 예배당 밖으로 지붕만 얹고 의자를 놓아 예배를 보게 했다. 그렇게 늘리고 늘린 교회는 마치 기운 누더기 같아 그 주변 200여 채의 판잣집과 별반 다르지 않았다.

아현교회의 그런 모습은 가난 때문이 아니었다. 아현교회는 그 일대 판자촌의 상당수를 소유할 만큼 재정적으로 풍족했다. 그런데도 교회는 건물을 짓는 데는 아무런 관심이 없었다. 대신 판잣집을 사들여 집 없는 교인들에게 나누어 살게 했고, 먹고살 길이 없는 교인들에겐 뒷돈을 대줘서 소금이나 고무신, 생선 장사를 해서 먹고살게 했다. 그런 교회를 만든 이는 김현봉(1884~1965) 목사였다. 작은 키, 땅땅한 몸매에 눈매가 매서웠던 그는 언제나 머리를 삭발하고 있었기에 '중목사'로 불렸다. 대부분의 작은 예수들이 그러하듯 그도 기인奇人에 가까운 사람을 살았다.

그런 김 목사를 따르던 사람들은 신촌 창광교회와 염천교회·신촌교회 등을 세워 그 뜻을 잇고 있다. 김 목사가 별세할 때까지 10여 년 동안 전도사로 보좌했던 고 이경자(78) 전도사는 생전에 김 목사에 대해 "얼굴에서 언제나 사랑이 지글지글 끓었던 '사랑의 사도'였다"고 전했다. 그 분이 성자가 아니면 누가 성자냐고 반문한다.

김 목사의 사랑은 하나님으로부터 왔다. 김 목사만큼 하나님과 단둘이 만나는 기도의 시간을 많이 가진 사람도 찾아보기 어려웠다. 그는 오후 6시만 되면 잠자리에 들어 새벽 1시에 일어나 묵상을 했고 새벽 3시에 아침식사를 했다. 통행금지 해제 사이렌이 울리면 곧바로 연세대 뒷산에 돌로 만들어놓은 기도실로 올라갔다.

그는 그렇게 아침 해를 바라보며 점심 무렵까지 깊은 황홀경에 잠겨 있었다. 김 목사의 기도의 삶을 따라 그대로 실천해온 창광교회 고 이병규 목사는 김 목사가 "세상을 보지 않고 하나님의 뜻에 의해서만 살았다"고 회고했다.

연세대 뒷산에서 묵상하는 그의 모습은 마치 신선처럼 보였다. 나중엔 이 모습을 본 아현교회 수많은 신자들까지 김 목사를 따라 나무 하나씩을 정해 그 밑에서 정좌한 채 명상에 잠겨 연세대 뒷산 일대는 아침 묵상객들로 장관을 이루곤 했다고 한다.

김 목사는 교회에서도 소리 내어 기도하지 못하게 했다. 그는 동네에서 방앗간 하나 놓으려고 해도 동민들의 허락을 받기 전에는 못 놓는 법이라고 했다. 기독교인들이 이성을 잃고 다른 사람들이야 어떻든 상관없이 부흥회라고 떠들고 소란스럽게 해 이웃 주민들의 감정을 상하게 하는 것은 하나님도 용납할 수 없다고 했다. 찬송은 하나님과 연락해서 영혼으로 부르는 것이지 자기 육체가 흥분하자는 게 아니라는 것이었다.

허세 용납 않은 '사랑의 사도'

- 교회 지하방 살며 '1식 3찬' -

김 목사는 산에서 내려오면 곧바로 교인들에게 심방을 갔다. 방에 들어가지 않고 밖에서 안부를 여쭙는 문전 심방이었다. 대신 살림이 어려운 교인들 집에선 방에 들어가 연탄불을 지피고 있는지 바닥을 만져보고 쌀독을 들여다본 뒤 도움을 주었다. 그는 늘 안주머니에 돈을 가득 담아 갖고 다니면서 즉각 필요한 사람에게 나눠주었다. 그러나 정작 자신에겐 돈을 쓰지 않았다. 평생 교회 지하의 방 한 칸에서 지낸 그는 고기도 먹지 않았고, 세 가지 이상의 반찬을 놓지 못하게 했다. 옷도 두루마기만 입고, 고무신만 신었기에 달리 돈 들 일이 없었다.

김 목사가 기독교인이 된 것은 22살 때였다. 그는 양정의숙 법과를 졸업한 뒤 교사 생활을 하면서 일제하 조선의 학생들에게 애국심을 고취시키다가 중국으로 떠나 간도와 러시아 등에서 11년간 망명생활을 했다.

1923년 귀국하자마자 체포돼 투옥됐던 그는 석방된 뒤 평양 신학교에서 신학을 공부했고, 44세 때 16세 연하의 세브란스 간호사를 만났다. 얼굴이 얽었던 그의 아내는 병으로 이미 자궁을 적출해 아이를 가질 수도 없었으나 그는 그런 아내를 택해 결혼했다.

그의 결혼관은 좀 특이해서 조건은 두 가지였다고 한다. 신부가 간호사여야 한다는 것과 얼굴이 못생겨서 아직까지 결혼을 못하고 있는 여자여야 한다는 것이다. 하나님을 위해 헌신하겠다는 신념의 소유자가 아니면 가질 수 없는 기인奇人의 인생관이라고 하겠다.

그가 아현교회를 개척한 것은 48세 때인 1932년이었다. 아현교회에선 허세는 통하지 않았다. 교회도 그렇거니와 신자들의 사치도 허용되지 않았다. 남자들은 대부분 삭발했고, 여자들은 파마도 하지 못하게 했다. 결혼식도 20명 이상 참석하지 못하게 했다. 신자가 세상을 떠나면 24시간이 지난 뒤 김 목사가 예배를 올린 다음 손수 시신을 손수레로 끌고 가 화장을 했고, 아이가 죽어도 김 목사가 직접 지게에 지고 가 산에 묻었다.

그는 서대문 근처 빈민굴에서 화재를 당한 사람들을 모아 한 사람에게 10평씩의 땅을 떼어주어 살게 했다. 그곳에 사는 사람들은 김 목사의 가르침에 따라 모두 자립심을 길러나가지 않을 수 없었다. 그곳에 기거하게 하면서도 그는 몇 가지 조건을 달았다.

1. 생활이 펴질 때까지 이곳에 살 것.
2. 돈 만원을 주면 고운소금 장수를 부지런히 할 것.
3. 언제나 주일은 꼭 지킬 것.
4. 수입의 십일조는 꼭 바칠 것.
6. 구제품 우유 통에 꼭 성미를 바칠 것.

이래서 서울시내 고운 소금 장수들은 대부분이 아현교회 신자들이었다. 이렇게 40여 집이 살았다. 그는 그들과 더불어 검박한 삶속에서 살다가 1965년 숨을 거두었다. 그가 숨을 거두자 교인들은 그의 뜻에 따라 시신을 손수레에 싣고 가 화장했다.

그러나 울지 말라는 그의 뜻을 지키는 교인은 없었다. 1,200여 명의 교인들은 손수레를 따르며 통곡했다. 말만이 아니라 삶으로 보이는 목회자를 이제 어디서 다시 찾겠느냐는 눈물이었다.

그의 정신적 추종자들은 김 목사 사망 후 여러 교회를 세웠다. 아현교회 1,200여 명의 교인 중 반수 이상 되는 680명을 데리고 창광교회를 세운 이병규 목사가 있고, 150여 명을 데리고 신촌교회를 세운 안병모 목사가 있으며, 150여 명을 데리고 염천교회를 세운 이한영 목사도 있으나 본 교회에 그대로 남은 교인들도 있다.

이 네 곳 중에 가장 양적으로 발전한 곳은 창광교회로 교인 2천여 명이 넘는다. 김 목사의 영향을 받은 이들 중에 숫자상으로 세계 제일의 유년 주일학교를 지도하는 이는 부산의 총공회파 교주인 백영희 목사가 있다(그는 정신병자가 휘두른 칼에 맞아 새벽예배를 인도하다가 1990년에 순교를 했다).

그리고 외국에는 고 안길옹 목사(알래스카에서 교회 개척)가 있다. 안길옹 목사는 노인아파트에 살면서 아파트 공터에 창고 같은 건물을 지어두고 매일 새벽부터 정오까지 머물면서 기도하며 성경을 깊이 묵상하는 생활을 했다. 그의 아들인 안정남 목사(나성 성약교회)도 김현봉 목사의 정신을 이어가고 있다.

(이 글은 2006년 한겨레신문에 실린 조현 기자의 글을 많이 참조했습니다)

김학준과 최용신 - 그들의 상록수

소설속의 주인공 〔용신〕〔동혁〕은 바로 채영신. 김학준

박동혁과 채영신은 1930년대 후반 심훈이 쓴 소설 〈상록수〉의 남녀 주인공이다.

'영신씨, 우리의 청춘은 동아줄로 칭칭 얽어서 어디다 붙들어 맨 줄 아십니까? 조선 안의 그 숱한 색시 중에 채영신 석 자만 쳐다보고 눈을 꿈뻑꿈뻑하고 기다리는 나 자신이 못나기도 하고 어찌 생각하면 불쌍하기도 합니다. 부디부디 몸을 쓰게 되었다고 무리한 일은 하지 마십시오. 그것만이 부탁이외다. 당

신의 영원한 동혁.'

〔상록수〕의 주인공 김학준 교수—용신양 묘 옆에

동혁이 '몸을 무리하게 쓰지 말아달라고 간곡히 부탁하고 있는 영신'이란 여성은 농촌계몽운동을 하다 스물여덟, 젊음을 꽃피우기도 전에 숨을 거둔 1920년대 실화의 인물 최용신이다. 동혁은 지난 11일, 향년 64세로 조용히 눈을 감은 조선대 교수 김학준 씨. 김 교수는 경기도 화성군 반월면 사리 샘골(천곡) 야학당이 건너다 뵈는 최용신의 유택 바로 곁에 나란히 누웠다. 살아 못 이룬 사랑이 한이 되어 생전에 가슴 아파 지내던 남편을 안타깝게 여겨 미망인 길금복 여사가 이곳을 묘택으로 잡은 것이다.

이러한 미망인의 결정이 전해지자 평소 고인을 따르던 많은 제자와 친지들은 충격적이긴 하지만 다행스런 일로 받아들이고 있다. 소설 상록수 아닌 실화의 주인공 최용신과 김학준씨의 러브스토리는 소꿉친구 시절로 거슬러 올라간다.

원산동향, 동갑, 13세 때 함께 농촌계몽

김학준은 함경남도 원산시 두남리에서 태어났다. 마을 앞에 펼쳐진 명사십리의 절경을 배경삼아 그의 마음은 한 없이 곱게 자랐다. 이 무렵 김학준에게는 잠잘 때를 제외하곤 언제나 손잡고 함께 다니며 노는 여자 소꿉친구가 있었다. 같은 해 같은 달에 태어나 나이가 같았고 집도 위아래였다. 부모들도 서로 잘 아는 사이며 형제간처럼 다정히 지냈다. 소꿉친구는 최용신이었다.

심훈은 소설에서 박동혁과 채영신이 농촌계몽운동에 참가했다가 돌아온 보고회 자리에서 서로 알게 되는 것으로 써나갔지만 김학준과 최용신은 이렇게 어려서부터 함께 자란 사이였다. 김학준과 최용신은 원산보통학교를 함께 졸업하고 김학준은 원산 보광중학교에 진학했다가 2년 만에 중퇴, 일본으로 건너가 일본 명교중학교에 진학했으며 최용신은 원산 '누씨여고'를 거쳐 일본 감리교신학교에 진학했다. 미국인 감리교선교사가 두남리에 들어와 교회를 세워 복음 선교를 한 영향을 받아 김학준과 최용신의 두 가정은 독실한 신앙생활을 해왔으며 두 사람도 열심히 교회를 도왔었다.

김학준은 13세부터 농촌 계몽운동에 뜻을 두고 장래의 계획을 설계했으며, 김학준의 이러한 뜻에 최용신도 같이 했다. 일본 유학길의 여정에서도 이러한 두 사람의 꿈은 알차게 꾸려졌고, 서구문화를 일찍 받아들여 우리나라에선 상상할 수도 없는 일본의 개화된 모습을 보고 두 사람의 뜻은 더욱 굳어졌다.

김학준은 명교중학교를 나온 뒤 귀국, 그 자신의 꿈을 펼 곳을 물색했다. 마침 미국인 감리교선교사가 경기도 화성군 반월면 사리 샘골(천곡)마을에 개척교회를 세우고 전도중인 것을 알고 활동무대를 샘골마을로 정했다. 최용신도 함께 따랐다.

이들은 마을 초가 한 칸을 빌려 야학당을 세우고 청소년들을 상대로 문맹퇴치운동을 벌였다. 며칠이 안 돼 학생들이 이웃마을에서까지 손잡고 몰려들었다. 이들은 다시 야학당을 방 한 칸 크기만큼의 교실 열다섯 칸 되는 건물로 짓고는 밀려드는 학생들을 감당할 수 없어 밤, 낮으로 4부제 수업을 했다. 몸이 지칠 대로 지쳐 피곤한 것은 물론이요 왜경들의 갖은 박해와 그 지방 지주들의 음성적인 방해 때문에 이들의 심신은 피로할대로 피로했지만 다짐한 뜻을 꺾을 수 없었다.

3년쯤 함께 농촌계몽사업을 했을 무렵, 최용신은 김학준에게 일본에 가서 대학에 진학할 것은 권유했다. 좀 더 원대한 꿈을 펼치자는 최용신의 제의에 김학준은 일본 동경대학 영문학부에 진학했다. 이들이 벌였던 사업은 모두 최용신이 떠맡았다. 김학준이 방학기간을 이용, 함께 일을 거들긴 했으나 여자의 힘으로 혼자 이러한 일을 감당해 나가기엔 여간 벅찬 게 아니었다. 당시 사회풍조가 이러한 운동을 이해해 주지 못했고, 더구나 과년한 처녀의 몸으로선 어려움이 한두 가지가 아니었다. 그러나 이러한 것을 예견 못한 최용신도 아니었기 때문에 그는 묵묵히 견뎌나갔다. 최용신은 이러한 어려움 속에서도 일본에 있는 김학준과의 서신왕래를 유일한 힘이자 의지의 원동력으로 삼았다. 심훈은 소설에서 최용신의 마음을 김학준에게 보낸 편지를 통해 이렇게 묘사하고 있다.

〈나의 가장 경애하는 동혁씨, 저는 행복합니다. 이제는 외롭지도 않습니다. 큰덕미나루터의 커다란 바윗덩이와 같이 변함없으실 당신의 사랑을 얻고 우리의 발길이 뻗치는 곳마다 넷째 다섯째 고향이 생길 터이니 당신의 곁에 앉아 있을 때만큼이나 제 마음이 든든합니다. — 청석골의 문화적 개척 사업을 나 혼자 도맡은 것만 하여도 이미 허리가 휘도록 짐이 무거운데 우리의 사랑을 완성할 때까지 불과 3년 안에 그 기초를 완전히 닦아 놓자면 앞길이 창창한 것 같습니다. 나에게 다만 한 분이신 동혁씨. 그동안 밀린 일이 많고 야학시간이 되기도 전에 아이들이 몰려서 오늘은 더 길게 쓰지 못하니이다. 편지보다 몇 곱절 긴 답장을 주십시오.

x월 x일

당신께도 하나뿐인 채영신 올림〉

또 최용신이 과로에 지쳐 입원했다가 퇴원을 했을 때는 이렇게 썼다.

〈- 청석골의 친절한 여러 교인들과 학부형들에게 에워싸여서 지금 퇴원을 합니다. 그러나 천만 사람이 있어도 이 영신에게는 새로운 생명을 주신 은인이시고 영원한 사랑이신 우리 동혁씨와 이 기쁨을 나누지 못하는 것이 무한히 섭섭합니다. 그러나 또 한 가지 기쁜 소식을 전해 드리는 것은 일전에 서울연합회에서 보낸 백현경 씨가 절에서 내려 왔었는데 정양도 할 겸,

황빈에 있는 신학교로 가서 몇 해 동안 수학을 하도록 주선해 주겠다는 약속을 하고 올라갔는데요. 여러 해 벼르고 벼르던 유학을 하게 된 것은 기쁘지만 또 다시 당신과 더 멀리 떨어져 있을 생각을 하니 무한히 섭섭해요. 지금부터 눈물이 납니다. 어수선스러워서 그만 쓰겠어요. ---답장은 청석골로.

x월 x일

당신의 영신〉

여기에 대한 김학준 씨의 사랑도 보통이 아니었다.

〈영신씨, 우리의 청춘은 동아줄로 칭칭 얽어서 어디다가 붙들어 맨 줄 아십니까? 우리의 일이란 관 뚜껑을 덮을 때까지 끝나는 일이 없을 것이니 사업을 다하고야 결혼을 하려면 백 살, 천살을 살아도 노총각의 서글픈 신세는 면하지 못하겠군요. 조선 안의 그 숱한 색시들 중에 채영신 석 자만 쳐다보고 눈을 꿈벅꿈벅하고 기다리는 나 자신이 못나기도 하고 어찌 생각하면 불쌍하기도 합니다. 그렇다고 결코 동정해 주기를 바라는 것은 아니니 하루 바삐 우리 둘이 생활을 같이하고 힘을 한데 모아서 서로 용기를 돋워가며 일을 하게 되기를 매우 조급히 기다리고 있소이다. 며칠 틈만 얻게 되면 또 한 삼 백리 마라톤을 하지요. 부디부디 몸을 쓰게 되었다고 무리한 일은 하지 마십시오, 그것만이 부탁이외다. 당신의 영원한 동혁〉

28세로 용신이 죽자 학준은 묘소에 상록수 두 그루

그러나 이러한 둘의 사랑도 얼마 못가 이별을 해야 했다. 최용신은 과로가 겹친 탓으로 장중첩증을 일으켜 28세 되던 해 겨울, 그의 제자들과 교인들이 지켜보는 가운데 숨을 거두고 말았다. 1935년 1월 23일 0시 20분. 최용신은 김학준을 보지 못하고 가게 돼 섭섭하다는 것과 자신이 죽으면 샘골 야학당이 건너다보이는 마을 뒤 교인묘지에 묻어달라는 유언을 남기고 세상을 뜬 것이다. 농촌계몽사업을 시작한 지 불과 3년 만에 허무하게 이 세상을 하직한 것이다.

뒤늦게 소식을 듣고 달려온 김학준은 최용신의 무덤 앞에 엎드려 흙더미를 쥐어뜯으며 통곡을 했다. 그리고 연인을 그리워하며 무덤가에 상록수 두 그루를 심었다. 이후 김학준은 모든 것을 단념하고 정처 없이 방황했다. 다니던 학교도 포기하고 무작정 길을 나섰다.

김학준의 발길은 함경남도 홍남의 어느 감리교회에 머물렀다. 그는 여기서 모든 것을 목사님에게 고백했다. 그곳 교회 목사는 김학준을 여러 가지로 달랬다. 마음에 안정을 갖고 더욱 좋은 사업을 하라고 권했다. 어려서부터 깊은 신앙의 힘으로 지내온 그는 이같은 목사의 설득으로 이곳에서 교회를 열심히 섬겼다.

이 무렵 젊은 작가 심훈이 처녀의 몸으로 샘골 마을에서 농촌사업을 하는 이가 있다는 소식을 YMCA를 통해 듣고 샘골 마을로 달려갔으나 이미 최용신이 죽은 뒤라서 언니 대신 와서 야학을 가르치는 최용경과 은복양 등 두 사람과 마을 사람들의 얘기를 듣고 소설을 구상했는데, 그는 최용신의 무덤에 김학준이 심어놓은 두 그루의 상록수를 보고 소설 이름을 인용했다고 하며 이 작품은 당시 동아일보사가 5백 원의 상금을 내걸고 모집한 창립 15주년 기념문예 현상모집에서 당선돼 독자들의 심금을 울렸다.

지난 11일 운명하자 부인이 "저승서나마 뜻 이루셔요."

김학준은 목사님의 강력한 권고로 교회에서 주일학교 반사로 있던 현 부인 길금복 씨와 결혼했다. 김학준은 결혼 후 부인 길 여사와 곧 일본으로 건너가 동경대학경제학부에 새로 입학했고 졸업 후엔 흥남 영생고등여학교에서 교편을 잡다가 조선어학회사건으로 투옥돼 3년 6개월간 옥고를 치르기도 했다.

김학준은 8.15 해방을 맞아 함께 옥고를 치렀던 최현배 씨(당시 문교부 편수국장) 알선으로 문교부 편수국에 근무하다가 6.25가 나자 그만두고 성균관대와 동국대에서 경제학을 강의했다. 부인 길 여사는 남편이 상록수의 주인공이라는 것과 최용신이 그의 약혼녀였다는 사실을 뒤늦게 알고 지난 58년부터 남편과 함께 최용신의 기일 때마다 찾아가 추도 예배에 참가하곤 했다.

남편과 함께 용신 추도예배에 참가

김학준은 지난 61년 흥남 영생고등여학교에서 함께 교편을 잡을 때 알게 된 정애리시 씨(조선대 재단이사장)의 소개로 조선대학교로 옮겨 그동안 학생과장과 교무과장, 교학국장 등을 역임했다. 김학준은 지난 64년 5월 광주 제일감리교회에서 장로로 임직하고 부인 길 여사와 함께 교회를 정성껏 다녔다.

길 여사는, 다른 사람들은 고인과 최용신과의 관계 때문에 언짢지 않느냐고 묻곤 하지만 자신은 그동안 최용신을 친언니처럼 생각하고 기일 때마다 그를 찾아 추모했다면서 남편을 최용신 무덤 옆에 묻어 드리는 것이 남편과 자신을 위해서 더 유익한 것으로 생각돼 그같이 결정했다고 말했다. 김학준은 길 여사와의 사이에 2남 3녀를 뒀다.(1975년. 광주=박희서, 조광현 기자)

거리의 성녀 - 방애인 선생

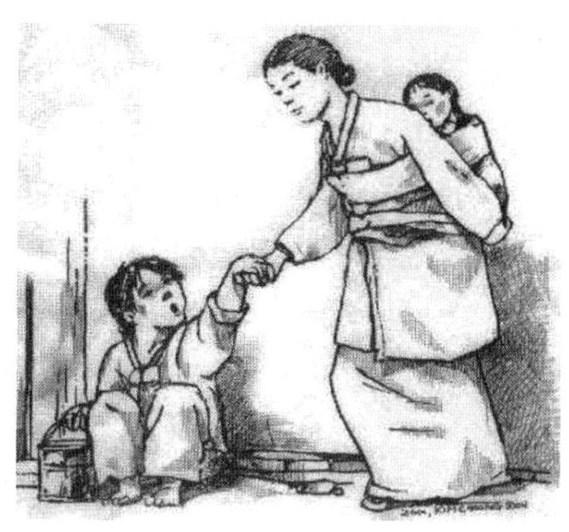

어느 날 길가에서 사람들이 정신병자인 한 노파를 에워싼 채 놀리고 있었다. 놀림을 받는 노파는 슬퍼하며 울부짖고 있었다. 이때 어여쁜 한 처녀가 눈물을 글썽인 채 그 노파의 곁으로 다가섰다. 그리고 노파의 두 손을 꼭 잡아주었다. 노파를 희롱하는 데 정신이 팔려 있던 구경꾼들도 처녀가 마치 어머니인 듯 노파의 손을 잡고 데려가는 모습을 보곤 감격의 눈물에 젖었다. 노파 앞에 나타난 천사는 방애인(1909~33)이었다.

1920년대 중반에 접어들면서 한국교회 내에는 '신앙생활의 사회화와 실제화'를 부르짖는 목소리가 커지기 시작했다. 여기에는 크게 두 가지 요인이 작용하였다.

하나는 자신의 죄만 통회하고 자신만 성결케 하기 위하여 인간사회와 단절하고 안주하던 기존의 신앙적 자세에 대한 반성이며, 다른 하나는 사회주의 도전과 일제의 침탈로 인한 사회경제적 황폐화 현상으로 인한 위기 및 문제의식의 대두이다. 이들로 인해 당시 사회에는 교회에 대한 불신풍조가 팽배해 있었다.

우리는 '거리의 성자'로 불렸던 방애인(1909-1933) 선생의 사역에서 신앙생활의 실제화의 한 모델을 발견할 수 있다. 그녀의 삶과 사역이 얼마나 감동적이었는가 하는 것은 당시 제도권 교회에 식상함을 느끼고 무교회주의를 지향했던 김교신까지도 '성서조선'에 친히 그녀를 소개하며 극찬할 정도였다.

거리의 성자 방애인

예수의 얼을 가지고 예수의 형상을 닮아 예수님처럼 거룩한 삶을 살아간 사람을 말하라면 프랑스의 슈바이처 박사와 일본의 가가와 도요히꼬賀川豊言를 말할 수 있다. 우리 한국에도 그런 사람이 있는데 그가 곧 방애인이다.

그는 지금까지도 한민족의 역사 인물로서 또는 한국교회사 속에 거의 알려지지 않은 숨은 사람이다. 방애인이 역사의 무대에 알려진 것은 일제시대 배은희 목사가 쓴 〈조선성자 방애인 소전〉이란 책을 통해서였다.

예수 그리스도를 영혼에 잉태하고 순결과 사랑 그리고 기도로 불꽃같은 삶을 살다 간 방애인. 그는 한국교회의 성녀이자 우리 민족 종교 안의 동정녀 전통을 기독교 토양에서 일궈낸 개척자였다. 수도원적 영성으로 짧은 삶을 살다 간 방애인은 한국 종교 속의 동정녀 전통을 개신교 안에서 담아낸 첫 시도였다.

신교육을 받은 미모의 신세대 여성이 온갖 유혹을 물리치며 결혼도 포기한 체 순결을 지키며 천하고 가난한 민중 곁에서 불꽃같은 짧은 생애를 살다 간 방애인! 그녀가 성자가 아니면 누가 이 땅의 성자가 될 수 있으랴.

우리는 서구의 위인만 존경하는 경향이 있다. 우리 주위에도 위인들이 있건만 무심하게 그랬다. 왜 존경할 대상을 서양에서만 찾는가. 방애인을 알고 나면 저절로 머리가 숙여지고 반성하게 될 것이다.

때 묻지 않은 신여성, 실력 있는 교사로 '조선의 성자'란 칭호를 받았던 방애인.

그는 1909년 9월 26일 초기 한국교회의 모판 역할을 했던 황해도 황주군 황주읍 벽성리에서 방중일 씨의 맏딸로 태어났다. 아버지 방중일은 그 지방에서 이름난 재력가였으며, 그의 할아버지 방흥복은 자선가로 널리 알려져 있었고, 어머니 김중선은 날마다 새벽기도를 드릴 정도로 믿음이 좋았다. 어머니의 품은 곧 방애인의 신학교였다. 그는 어머니 품에 안겨 세례를 받았고, 경건한 환경 속에서 당시의 일반 조선 여성보다는 좋은 조건 속에서 자라났다.

방애인은 일곱 살 되던 해 황주읍 교회에서 세운 양성학교에 들어가서 신교육을 받기 시작하였다. 1921년 3월 양성학교를 우등으로 졸업한 그는 더 큰 배움을 위해 평양의 숭의여자고등보통학교로 전학을 하였다. 이곳에서도 방애인은 언제든지 최우등이었다.

아름다운 품행으로 선생님들과 동급생들의 끝없는 칭찬과 사랑을 독차지하였다. 그러나 그는 이 학교를 졸업하지 못하였다. 학생들이 숭의학교의 총독부 지정학교 승격과 기숙사 제도에 대한 불만으로 데모를 하여 동맹휴학에 들어가자 학교를 옮기게 된 것이다.

그는 1923년 개성의 감리교 소속인 호수돈 여자고등보통학교로 옮겨 1926년에 최우등생으로 졸업하였다. 호수돈여고를 졸업한 그는 당시 신여성의 꿈인 이화여자전문학교에 들어가기를 뜨겁게 바랐다. 그러나 부모의 완강한 반대로 진학의 꿈을 포기하고 1926년 4월 1일 전주 기전여학교 교사로 부임을 하였다. 이렇게 해서 방애인과 전주 기전여학교 사이에 만남이 이루어진 것이다.

기전여학교는 호남지역의 선교를 맡은 미국 남장로교 선교사들이 신흥학교와 더불어 전주에 세운 학교였다. 선교와 교육에 헌신했던 선교사 전킨을 기념하는 뜻을 담고 있는 기전紀全여학교는 당시 선구자적인 정신으로 근대적인 지식과 더불어 하나님의 사랑을 가르치는 대표적인 학교였다.

눈과 같이 깨끗하여라!

기전여학교에서의 3년 동안의 처음 교사 생활은 때 묻지 않은 신여성의 모습 그대로였다. 신교육을 받은 신세대 여성으로서 그는 학교 안의 최고로 세련되고 실력 있는 교사로서 순수한 열정을 갖고 학생들을 가르쳤다. 그러나 거기에서 그는 무언가 영적인 갈증을 느끼기 시작하였다.

부족한 것 없는 삶 속에서 신앙생활에 대한 회의와 영적 무력감에 빠져 결국 기전여학교를 떠나고 말았다. 그는 친구에게 자기는 언제나 주님이 지신 십자가를 맛보려고 심히 갈급하였다고 고백하고는 전주를 떠났다.

그는 고향으로 돌아가 모교인 황주 양성학교 교사로 일하면서 신앙생활의 결정적인 전기를 맞이하게 되었다. 어릴 때부터 갖고 있던 형식적이고 습관적인 신앙생활의 틀을 벗어나 참된 믿음과 영적 확신에 대한 체험을 갈구하였다. 성경을 깊이 묵상하며 부흥회에 참석하기도 하였다. 그러던 어느 날 그는 하나님의 음성을 듣고 거듭나는 체험을 하게 되었다. 그의 일기 속에 이런 사실이 잘 나타나 있다.

1930년 1월 10일

"나는 처음으로 하나님의 음성을 듣다. '눈과 같이 깨끗하여라' 아아! 참 나의 기쁜 거룩한 생일이다."

1930년 1월 11일

"나는 어디로부터인지 손뼉 치는 소리의 세 번 부르는 음향을 듣고 혼자 신성회(새벽기도회)에 가다. 아아! 기쁨에 넘치는 걸음이다."

"눈과 같이 깨끗하여라"

이 영음을 들은 방애인은 순결한 처녀로서의 새로운 삶을 서원하고 전혀 새로운 삶을 시작하게 되었다. 눈과 같이 희고 거룩한 삶! 그것은 그에게 있어서 모든 인간적인 욕망과 자기중심적 의지를 버리고 온전히 하나님께 자신을 드리는 십자가를 지고 가는 삶이었다.

그는 다시 전주 기전여학교의 부름을 받아 1931년 9월 전주로 내려갔다. 그러나 그때의 방애인은 2년 전 전주를 떠날 때의 방애인이 아니었다. 부잣집 딸의 옷차림은 찾아볼 수 없었다. 검소한 단벌 차림이었고 값진 주단이나 세루 치마니 하는 옷감은 자취를 감추었다.

하나님의 음성을 듣고 변화 받은 방애인은 1932년 기전여학교를 졸업한 학생들을 중심으로 신성회를 조직하여 신앙공동체 운동을 시작하였다. 신성회는 마음과 뜻과 정성을 다하여 하나님을 사랑하는 이들의 공동체로 하나님을 진실로 사랑하기에 이웃을 내 몸같이 사랑하고 나의 가정, 우리 민족 모두가 하늘나라 백성이 되게 하는 것이 그 목적이었다. 그들은 세상 속에서 거룩한 삶을 살아가기 위해서 10가지 계율을 만들어 놓고 하루하루를 반성하며 살아갔다.

나의 기도를 들으시는 주시여!

방애인은 기도의 사람이었다. 그는 어려운 일을 만나거나 어떤 일을 계획할 때면 제일 먼저 기도하였다. 몸도 약했고 틈도 없었으면서도 쉬지 않고 기도했고 때론 밤새워 기도하였다. 자기 일만 위해 기도하지 않고 부모와 제자 그리고 민족을 위해 뜨겁게 기도하였다. 방애인은 일을 시작하기 전에 기도하였고 기도로 일을 진행하였으며 기도로 일을 끝내고 마는 기도밖에 모르는 사람이었다. 그에게 있어서 기도는 방법이고 예수가 해답이었다.

방애인에게 빼놓을 수 없는 기도는 아버지의 구원에 관한 것이었다. 그는 세상을 떠나기까지 아버지의 구원을 위해 날마다 기도하였다. 그때 아버지는 다른 여인과 살림을 차리고 있었기 때문이다. 예수님의 40일 금식기도를 본받아 날마다 아침을 금식하며 아버지의 구원을 위해 하나님께 간절히 기도하였다.

그의 간절한 기도에 하나님은 언제나 놀라운 응답을 주셨다. 방애인의 아버지는 본래 살림이 넉넉했고 사교에도 능한 사람이어서 사귀는 친구들도 많았다. 그러던 가운데 신문사 지국을 경영하는 사람의 보증을 서 주었는데 그 사람이 사업에 실패하여 그때 돈으로 2천 2백 원의 빚을 책임지게 되었다. 벗어날 수 없는 빚을 물게 되면 가정은 파산하고 말 것이다.

이때 방애인은 오직 하나님밖에는 문제를 해결해 줄 수 있는 이가 없음을 알고 고모와 약속하고 밤낮으로 쉬지 않고 기도하였다. 깜짝 놀라는 일이 생겼다. 세 차례 재판을 거쳐 2천 2백 원을 단돈 220원으로 탕감 받았다.

언젠가는 사촌 언니가 먼 길을 다녀오는데 늦게까지 돌아오지 않았다. 그래서 큰 어머니와 함께 기도를 드렸다. 과연 밤늦게 사촌 언니가 무사히 돌아왔다. 사촌 언니는 돌아오는 길에 도둑 같은 사람을 만나 크게 욕을 당할 뻔했으나 이상하게도 무사히 빠져나왔다고 한다. 그 시간을 물으니 큰 어머니와 함께 기도하던 시간과 같았다.

교회를 위해 봉사하는 교회의 사람

방애인은 철저한 교회의 사람이었다. 그의 봉사는 교회를 중심하여 이어져 나갔다. 그 당시 전주에는 4개의 교회가 있었으나 기전여학교에서 가까운 곳에는 두 교회가 있었다. 하나는 전주의 모교회인 서문밖교회요, 다른 하나는 막둥이 교회인 완산동교회였다. 서문밖교회는 큰 교회가 되어 활발히 움직이고 있으나 완산동 교회는 조그마한 교회당에서 겨우 명맥을 이어가는 형편이었다.

이때 방애인은 기숙사 학생들을 데리고 주일 낮 예배는 완산동교회에서, 주일 밤 예배와 수요 기도회는 서문밖교회에서 드렸다. 많지도 않은 봉급에서 완산동교회와 서문밖교회에 십일조를 드렸다.

서문밖교회에서는 중산리라는 곳에 확장 주일학교를 세우면서 방애인에게 그 책임도 맡겼다. 전주에서 꽤 먼 거리였는데도 그는 3년을 하루같이 정성을 쏟아 봉사한 결과 그곳에 많은 신자들이 생겼다. 그래서 오전 주일학교를 마치면 계속해서 여자들을 모아놓고 기도회를 인도하고, 그곳 병자들을 위문도 하고 전도도 하느라고 밥 한번 제 때에 먹어본 일이 없었다.

가는 곳마다 복음의 사도되어

방애인은 오후 수업을 마친 뒤 빈민들이 모여 살고 있는 다가천변으로 갔다. 냇가의 양지바른 곳에 옹기종기 모여 옷조차 변변히 입지 못한 어린이들을 불러 모았다. 아이들이 모이면 찬송과 기도를 가르치면서 성경말씀을 이야기한 뒤 그들에게 싸 가지고 온 누룽지를 나눠주었다. 이들은 방애인을 하늘에서 내려온 천사처럼 대했다.

방애인은 학생들이나 선생들이 입지 않는 떨어진 헌 옷을 걷어 이것을 깨끗이 빨아 말려서 밤을 새워 가면서 누더기를 깁고 기운 옷가지를 들고 다니면서 한 가지씩 나눠주면서 "예수 믿으세요. 예수 믿으면 소망이 넘치고 웃음이 깃드는 삶을 살 수 있습니다." 하고 전도하였다.

부부 사이에 큰소리 내고 다투는 곳이 있으면 그냥 지나가지 않고 눈물로서 붙들고 말씀으로 권면하면서 "예수 믿으세요. 예수 믿으면 화목한 가정이 됩니다." 하고 전도하기를 잊지 않았다. 방애인의 가슴 속에는 영혼구원의 불이 활활 타오르고 있었다. 시간은 모자라고 몸은 하나이니 그는 울부짖으며 영혼구원을 위해 하나님께 매어 달렸다.

선생님, 선생님, 우리 선생님!

방애인은 자기 자식을 사랑하듯 학생들을 사랑으로 가르쳤다. 교사라기보다는 차라리 학생들의 어머니였다. 학생이 병이 났을 때에는 밤을 새워 기도해 주었고, 슬픔과 괴로움이 있을 때면 은밀한 방에 데리고 가서 기도해 주고 위로와 격려해 주고, 벌 받을 짓을 한 학생을 발견하면 고요한 곳으로 데리고 가서 눈물로 권면하면서 기도해 주고, 부모를 그리워하는 학생을 보면 옛날 위인들의 전기를 이야기해 주면서 위로하고 새 용기를 주면서 기도하였다.

등록금을 내지 못해서 학교에서 쫓겨난 학생이 있으면 그 부모를 찾아가서 좋은 말로 위로하고, 가정 사정이 어려운 학생은 자기의 박봉을 떼어 도와주었다. 졸업생들의 이름을 적어놓고 기도해 주었고, 졸업 후 갈 길이 막힌 학생은 스스로 상담하고 지도해 주었다.

"선생님, 선생님, 우리 선생님!" 하며 따르던 학생들은 부모의 사랑이 없이는 살아도 방애인 선생님의 사랑 없이는 살 수 없다고 말하기도 하였다. 학생 가운데 실력이 모자라는 저능아가 있으면 따로 가르쳐 주고, 그 학부모 집에 찾아가 복습에 주의할 점을 일러주어 낙제생이 생기지 않게 하였다.

거리의 성자되어

방애인은 학교 교사 안에만 머문 선생이 아니었다. 그는 거리로 나가 거리에서 만나는 가난하고 병든 자들의 친구가 되어 주었다. 그는 말로만 복음과 사랑을 전하는 사람이 아니었다. 길거리에 내버려진 고아나 걸인들을 데려다가 씻기고 먹여주며 돌봐주는 거리의 성자였다.

때로는 그가 근무하는 기전여학교에 흉측하게 생긴 나환자들이 몰려들었다. 방애인을 찾는 무리들이었다. 24세의 아름다운 처녀 방애인은 나병을 더럽다 하지 않고 그들의 썩어가는 피부를 어루만지며 눈물로 기도하였다.

"주여! 이들의 죄를 용서하시고 주님의 능력과 사랑이 내 손을 통하여 나타나 이 괴로운 병에서 구원하여 주소서. 주여! 자비와 긍휼을 아끼지 마소서”

이 간절한 기도는 그들의 마음에 그리스도의 씨를 깊이깊이 심었다. 그들의 손등에 떨어지는 눈물방울은 그들의 썩어가는 살을 소생케 하였다. 그들은 때때로 학교를 찾아와 성자의 눈물을 구한다고 하였다. 그는 말 그대로 거리의 성자였다. 거리가 그의 목장이었고 그의 강단이었다.

전주 서문밖교회 전도실 한 구석에는 교회에서 설립한 고아원이 있었다. 1927년 전주 YWCA 이효덕 회장이 배은희 목사를 비롯한 교인들의 도움을 얻어 세웠는데 3년이 넘도록 교회 안에서 빈약한 형편에 머물고 있었다. 방애인은 이 고아원을 제대로 운영하도록 하기 위해 앞장섰다.

특히 서문밖교회 배은희 목사와 동료 홍석호 선생, 김선례 선생이 함께 발 벗고 나섰다. 방애인은 전북지역 교회를 순회하며 모금하기 시작했고 자신의 월급을 아껴 고아원 설립기금을 만들었다.

나중에는 전주시내 8천호 가구를 방문하며 일반 사회에서도 도움을 얻어 서문밖교회 근처에 있던 기생 놀이집으로 쓰던 독립가옥을 얻어 1931년 성탄절에 고아원 설립예배를 드렸다. 방학인데도 그는 고향에 돌아가지 않고 거리의 고아들을 모아들이는데 열심이었다.

전주 서문밖교회 배은희 목사가 사택에서 주무시는데 밤 11

시경 밖에는 눈보라가 치고 거센 바람 소리가 귀를 에는 추운 밤에 밖에서 "사모님, 사모님!" 하고 부르는 소리가 들렸다. 누가 이 추운 밤중에 왔을까 하고 문을 열고 나가 보니 방애인이 온 몸에 눈을 뒤집어 쓴 채 떨고 서 있었다. 자세히 보니 등에 고아를 업고 있었다.

방애인은 그 밤으로 머리를 깎아 주고 목욕을 시키고 새 옷을 입혀 고아원에 업어다 두고 갔다. 그 후에도 고아를 만나면 몸소 업고 왔다. 고아들의 수가 늘어나면 한 달에 몇 번씩 공중목욕탕에 데리고 갔다.

어린 아이는 업고, 좀 큰 아이는 앞세우고 목욕탕에 데리고 가서 때를 씻어 주었다. 고아들의 어머니 같았다. 방애인이 고아를 업고 가는 모습은 그 후 그림으로 그려져 보는 사람들을 감동시켰다. 그의 모교인 개성 호수돈 여학교는 교실마다 그 그림을 걸어놓았다고 한다. 그 걸어가는 모습은 실로 그리스도가 세상 죄를 지고 가시는 모습과 같았다.

학교와 교회 그리고 고아원으로 이어지는 삶의 현장 속에서 자신을 돌보지 않는 희생적 사랑을 실천하는 방애인의 모습은 점차 성녀의 모습으로 전주 시민들의 눈에 비치기 시작하였다. 방애인은 신여성이요, 처녀 교사이면서도 두벌 옷이 없었다.

방애인이 세상을 떠난 뒤 배은희 목사가 황주에 있는 방양의 부모님 댁을 방문했을 때 그의 어머니는 눈물을 흘리며

"목사님, 보십시오. 딸이 옷이 하도 없어서 할머니가 입으시던 털로 안을 바친 갓옷저고리 한 개와 햇솜을 넣은 바지 한 개를 보내 주었더니 한 번도 입어 보지도 않고 다 남에게 주어 버렸어요. 죽은 후 옷이라고 찾아보니 다 떨어져 입지 못할 것 몇 개밖에는 없었어요."하며 흐느껴 울었다.

아아! 어머니, 어머니!

방애인은 1933년 여름방학을 고향에서 보낸 뒤 몸이 좋지 않은 상태로 학교에 내려왔다. 그러나 그는 개학식에 참석한 뒤 병(장티푸스)이 악화되어 병원에 입원하였다. 그 다음날 어머니가 황주에서 전주까지 내려왔다. 병상 곁에 서서 "애인아, 내가 왔다."고 하자 그는 손을 내밀어 어머니의 손을 어루만지면서 "어머님 오셨어요?" 하고 간신히 한 마디 할 뿐이었다.

열이 40도까지 올랐다. 내리지 않았다. 9월 16일, 그녀가 20개월 동안 눈물로 기도했던 아버지도 방애인이 회복될 희망이 없다는 전보를 받고 고향을 떠나 전주에 도착했다. 아버지는 병원 문을 들어서며 "아아! 애인아, 이게 웬일이냐. 애인아, 내가 왔다."하면서 딸의 손을 잡자 그는 희미하게 눈을 뜨며 "아아!" 라는 두어 마디만 남기고 24세의 젊은 나이로 조용히 숨을 거두었다.

방애인은 흰 눈같이 깨끗한 처녀로 성녀다운 사랑과 자기희생의 짧은 일생을 이렇게 마쳤다. 고요히 티끌 같은 세상을 순결한 처녀로 떠나고 말았다.

성녀 방애인이 죽었다는 소문은 삽시간에 온 전주 바닥에 알려졌다. 그의 인격을 존경하고 그의 사랑을 받고 그를 아는 모든 사람들이 슬퍼하였다. 교회에서, 학교에서, 그리고 고아들이 슬피 우는 모습은 보는 이로 하여금 창자를 에이는 듯하였다. 어떤 사람들은 영문도 모르고 따라 울 정도였다.

방애인의 장례식은 전주 시민 전체의 애도 속에 기전여학교 운동장에서 엄수되었다. 하얀 소복을 입은 수십 명의 여자들이 상여를 메고 묘지를 향하는데 동료 교사들, 학생들, 평소에 그가 돌보던 고아들이 함께 메고 가는 길은 모두 눈물이 앞을 가려 나가지를 못하였다.

고아들은 "어머니! 어머니!" 하며 발을 동동 구르고, 기전여학교 학생들은 "선생님! 선생님!" 하며 목을 놓아 통곡하였다. 참으로 눈물바다를 이루었다.

걸인, 정신병자, 나환자, 고아 등을 대상으로 사회 구제사업에 헌신적으로 봉사하던 방애인 선생은 1933년 9월 16일, 24세로 별세하여 전주 화산 공동묘지에 안장되었다. 그녀는 교회를 향한 불신의 악취를 풍기던 사회 속에, 결코 사라지지 않는 예수의 향기를 진하게 뿌려 놓고 민중들의 곁을 떠났다.

방애인의 짧은 생애를 살펴보면 세상 사람들에게 가장 사랑을 받고 있는 성녀 소화 테레사(St. Teresa of Lisieux)를 생각하게 된다. 소화 테레사가 세상을 떠날 때의 나이도 24세였다.

복음의 육화 - 가가와 도요히꼬

일본이 우리를 지배하고 탄압하며 착취하던 시절, 그토록 미운 일본인 중에서도 유독 한 사람에게 만큼은 절로 고개가 숙여지는 사람이 있다.

그는 전쟁이 한창이던 1920년대에 전쟁에 반대하다가 감옥에 갇혀 모진 고초를 겪었던 사람이다.

또한 1940년에는 개인 자격으로 일본의 중국 침략을 중국에 사죄하였다가 정부로부터 모진 탄압과 고초를 겪었던 사람이다. 그도 모자라 우리나라의 이승만 대통령을 찾아와 일본인으로서는 처음으로 사죄를 자청하였던 사람이다.

또한 전쟁이 끝난 뒤에는 정부의 무서운 탄압 속에서도 인권 운동을 가열 차게 전개하며, 여성운동에도 최일선에서 앞장섰던 사람이기도 하다. 프랑스의 슈바이처 박사, 인도의 마하트마 간디와 더불어 20세기 세계 3대 성자로 칭송받는 인물, 그의 이름은 가가와 도요히코(賀川豊彦, 1888~1960).

그의 아버지는 돈도 많고 벼슬도 높아 원로원 서기까지 지낸 사람이다. 기생을 첩으로 삼았는데 그녀에게서 가가와 도요히꼬가 태어났다. 그런데 네 살 때 아버지가 죽었다. 그리고 어머니도 다섯 살에 죽었다. 다섯 살 아이는 갈 곳이 없었다. 그래서 첩의 자식이 도꾸지마현에 있는 본 부인의 집에 들어갔으니 얼마나 구박이 심했을까. 훗날 그는 어린 시절을 회고하면서 자신의 기구한 운명에 울고 또 울어 자기가 흘린 눈물을 항아리에 담으면 한 항아리 가득 찰 것이라고 했다.

그런 그가 바르게 자라 날 수 있었던 것은 할머니의 지극한 사랑 때문이었다고 한다. 어머니를 잃은 첩의 자식이 그렇게 구박받을 때 할머니가 어머니 이상으로 끔찍이 사랑해주었던 것이다.

어느 날, 담 모퉁이에 기대서서 자기의 삶을 비관하고 있는데 북 치고 장구 치며 지나가는 구세군 전도대를 만났다. 저들이 '하나님은 누구든지 사랑하신다.'고 외치며 다니니 가가와는 가까이 다가가 물었다고 한다. "기생의 자식도 사랑하나요?"

"아무렴요 어떤 죄인이라도 주님은 사랑하십니다."라는 말을 듣고 기독인이 되기로 결심했다. 마침 도꾸지마에서 전도하던 마야스 선교사를 만나 영어를 배우면서 확실히 기독교에 입문하게 된다. 그의 글 속에는 '나는 기생의 아들이 아니고 하나님의 아들'이라고 하는 곳이 자주 나타난다. 그에게 주어진 하나님 사랑의 확신 때문에 담대히 그리 말할 수 있었던 것이다.

그는 열다섯 살에 세례를 받았다. 이것만으로도 그의 친척들은 그가 못할 짓을 했다고 생각했다. 삼촌은 그와 의절하고 그의 상속권을 박탈했다. 그래서 동경에 올라와 힘들게 일하면서 야학으로 중학교를 졸업하고, 고등학교를 졸업하고. 명치대학 신학부에 들어갔다.

그런데 신학교 2학년 때 폐결핵에 걸렸다. 그때만 해도 폐결핵은 무서운 병이었다. 휴학했다. 다니던 교회에서도 나와야 했다. 이 청년은 "성경은 거짓말이구나, 예수도 거짓말이다. 나는 누구에게 돈을 요구하지 않는다. 나는 누구에게 나의 치료비를 요구하지 않는다. 나는 누구에게 나의 폐병을 옮길 만큼 경솔한 사람도 아니다. 그러나 단 한 사람이라도 폐병 환자인 나를 그리스도인으로 대해 주는 그리스도인을 만나고 싶다."고 절규했다. 그러나 없었다. 한 사람도 없었다. 결국 명치대학을 중도 하차한다.

이 청년은 자살을 결심했다. 그런데 자살 전에 우연히 한 사람이 이런 이야기를 했다. 북쪽 가나사와 지방에 가면 나가노라는 목사가 있는데, 거기를 한번 찾아가 보라는 것이다. 그래서 나가노 목사를 찾아갔다. 가가와의 인생에서 터닝 포인트가 되는 중요한 순간이었다.

20세기 초, 일본에서 갓 안수를 받은 '나가노'라는 젊은 목사가 있었다. 당시 일본은 지금도 그렇지만 기독교인이 거의 없었으므로, 그는 어느 곳에 가서 교회를 개척할 것인지를 정하기 위해 일본 지도를 펴놓고 기도했다. 기도하면서 동서남북 100킬로미터 이내에 단 한명의 교인도 없는 곳을 찾고 보니 북쪽 '가나사와'라는 지역이었다.

이 젊은 목사는 곧 그 지역으로 가서 천막을 치고 개척교회를 시작했다. 자신의 아내와 아이 둘을 놓고 창립예배를 드렸다. 한 달이 지나고 두 달이 지났는데 교인이 오지 않았다. 6개월이 지났다. 변함이 없었다. 그러나 나가노 목사는 그 자리를 옮기지 않았다. 하나님께서 자신을 그곳에 보내 주신 줄 믿었기 때문에 하나님께서 이루실 일이 있다고 믿었기 때문이다. 그 자리를 무려 5년을 지켰다.

5년이 지난 어느 수요일 저녁에 천막의 커튼을 젖히고 첫 번째 교인이 들어왔다. 청년이었다. 기쁘고 감격스러웠다. 5년 동안 했던 그 어떤 설교보다도 열정적으로 설교를 했다. 설교가 끝난 뒤 그 청년을 데리고 식탁에서 저녁을 함께 먹었다.

그런데 식사 도중 이 청년이 '욱'하더니 피를 쏟았다. 그는 폐병환자였던 것이다. 나가노 목사가 순간적으로 속에서 갈등이 일었다. '이런 괘씸한 사람이 있나? 이 사람을 지금 당장 쫓아 버려야 하나, 아니면 내가 이 핏덩이를 쓸어내고 계속 함께 밥을 먹어야 하나?' 그때 '주님께서 내게 처음 보내주신 사람인데……'라는 생각이 들어 나가노 목사는 자기 손으로 핏덩이를 치웠다. 그리고 음식을 가져다가 청년과 다시 먹었다.

그 순간 청년은 주님을 다시 만났다. 그리고 '병원에서는 3년밖에 못산다고 진단했는데 이렇게 누워 있지만 않겠다. 자신을 필요로 하는 사람에게 봉사나 실컷 하고 죽겠다'고 다짐했다.

그는 모든 것을 정리하고 스물한 살이던 크리스마스 날, 자신의 모든 짐을 손수레에 싣고 고베신학교에서 나왔다. 가난한 사람들과 함께 살기 위해 고베 빈민가로 들어갔다. 당시 그는 명치대학을 떠나 신설 고베신학교를 다닐 때였다. 거기서 그는 누구든 보살핌을 필요로 하는 사람들과 함께 살았으며, 하루에 죽 두 그릇만 먹고 살았다.

당시 빈민가에는 살인 청부업자가 있었다. 처녀가 낳은 아이 그리고 과부가 낳은 아이를 맡아 죽이는 청부업자다. 청부업자는 할머니인 경우가 많았다. 할머니가 아기를 죽이면 5전을 받는다. 그 청부업자들은 아이를 독에 넣고 뚜껑을 덮은 뒤 완전히 굶겨 죽인다.

그런데 경찰서에서 가가와에게 연락이 왔다. 빈민굴에서 아기가 죽어가는 것을 발견하고 여기에 데려다 놓았으니 당신이

키울 수 없겠느냐는 것이다. 그래서 데려왔는데 살기는 살았으나 울지도 못하고 젖도 빨지 못할 정도로 기력이 없었다. 아기를 안고 울며 하나님께 기도했더니 기적이 나타났다. 가가와의 눈물이 아이의 눈을 적시는 순간 아기 얼굴에 화색이 돌고 살아난 것이다. 이 사실을 기록한 책이 〈눈물의 이등분〉인데 이 아이가 자라 초등학교 다닐 때 그 책을 썼다. 학교 다니는 모습을 나무 그늘에 숨어서 보며 감개무량했다고 한다.

그는 창녀들에게 전도하며 빈민굴에서 살았다. 하루는 그의 친구가 그를 찾아가 보니 너무 형편이 없었다. 주정뱅이가 와서 돈을 내라고 강요를 하면 순순히 그는 돈을 준다. 다음에 다시 방문했는데 그 주정뱅이는 길바닥에서 술을 마시고 도박을 하고 있었다. 친구가 물었다.

"여보게, 자네가 준 돈으로 그 주정뱅이는 술 마시고 도박을 하고 온갖 못된 짓을 하는데 그것을 알면서도 돈을 주는가?"

"물론 알고 있네. 몇 십번 주었지."

"그렇다면 그런 짓을 하는 것은 악을 조장하는 것이 아닌가?"

그러자 가가와가 이런 대답을 했다.

"좀 더 참아보세."

저녁예배 드릴 때 보니 전부 창녀들이었다. 그녀들은 예배 도중 주정뱅이가 와서 '너를 찾았는데 여기에 있었구나. 같이 가자' 하면 예배를 드리다가도 나갔다. 그리고 어떤 사람은 와서 잔뜩 토해놓는 바람에 냄새가 진동을 했다. 그래서 그 친구가 따졌다.

"이런 것이 예배냐? 이런 상황 속에서 전도하느냐? 악을 조장하는 것이 아니냐? 이것을 선교라고 할 수 있느냐?"

하지만 가가와는 말했다.

"자네는 알지 못하네. 저들이 나를 열 번 속이고 혹시 내가 저들의 칼에 맞아 죽는다고 생각해 보세. 그 이후에도 사랑은 끝까지 관통해 버리는 것이 아닌가? 예수님은 악에 의해 심장에 상처가 나고 찔려 죽은 것이 아닌가? 그렇지만 그 이후 사람들 속에 작은 사랑의 씨앗이 자라난 것이 아닌가?"

그 친구는 도저히 이해할 수 없었다.

그러나 가가와가 죽은 후 그가 지나갔던 곳에는 작은 신앙의 싹들이 태어나고 크리스천들이 이름 모르게 생겨났다. 다 불타 버리고 아무것도 없는 것 같았지만 그것이 완전히 관통해 버렸을 때, 철저하게 죽임을 당해 버렸을 때, 알고 속아주었을 때 씨앗들이 자라고 있었던 것이다.

빈민들이 가장 고통스러워하는 것은 변비다. 제 때에 먹지 못하고 배고파서 아무거나 먹다 보면 변비가 생기는데 변이 차돌같이 굳어서 나오지를 못한다. 그러면 장갑을 끼고 손으로 후벼낸다. 가가와 목사가 그 빈민들의 항문을 손가락으로 후벼주었지만 되지를 않았다. 그래서 항문에 자신의 입을 가져다 대고 차돌같이 굳어 있는 변을 침으로 녹여서 빨아냈다. 그 사실을 알게 된 기자가 가가와 목사에게 물었다.

"당신은 어떻게 그런 짓을 할 수 있는가?"

가가와 목사가 이렇게 대답했다.

"나는 배운 대로 합니다. 제 선생님은 제가 각혈한 핏덩이를 닦아 주셨습니다. 그분이 하신 것에 비하면 이건 아무 것도 아닙니다."

그가 중국으로 건너갔다. 중국의 빈민들을 위해서도 똑같은 삶을 살았다. 이마 일본을 대신해 속죄하는 마음도 있었을 것이다. 당시 장개석 총통의 부인 송미령 여사는 그리스도인이었다. 그 목사님의 이야기를 듣고 깊은 감동을 받았다. 그래서 그분을 모시고 개인적으로 성경공부도 했다.

1945년 일본이 패망했다. 일본이 점령하고 있던 나라에서 일본인들이 철수할 때 현지인들로부터 테러를 당하는 사건이 많았다. 오랜 세월 동안 그 땅을 착취한 사람들인데, 갈 때 어떻게 테러를 당하지 않을 수 있을까.

가장 지독하게 당한 곳이 사할린으로 알려져 있다. 그런데 일본 패망 당시 중국 땅에 있던 일본인의 숫자는 200만 명에 달했으나 그 중에 단 한 사람도 테러를 당하지 않았다. 천황의 항복 성명과 동시에 장개석 총통이 포고령 1호를 내려, 철수하는 일본인들에게 해를 가하는 자는 중형에 처한다고 한 것이다.

이러한 결정이 내려지게 된 배후에는 가가와 목사의 사역에 대한 감동이 담겨 있었다. 일설에 의하면, 강대국들 사이에서 일본의 신탁통치가 논의될 때도 장 총통이 반대해서 무산되었다고 한다. 사실이라면 가가와는 참으로 위대한 애국자라 하지 않을 수 없다.

가가와 목사는 기도의 사람이었다. 특히 가난한 사람, 몸이 약한 사람, 남보다 무언가 못한 사람에 대한 사랑이 깊었다. 그의 기도는 사회와 세계를 위해 광범하게 미치고 있었다. 가가와 자신이 여러 번 객혈하면서 질병으로 고생하고, 또한 가난에 시달리면서도 이웃을 위해 기도하고 그들을 돕는 일을 그치지 않았던 것이다.

그가 이렇게 살게 된 배경에는 선교사 마야스 부부의 인격적 영향이 컸다. 영어공부를 시켜주고 병들었을 때 40일간이나 품에 안고 자기도 했다. 19세 때 폐병으로 쓰러지니 목구멍에 손을 넣어 엉겨 붙은 핏덩이를 긁어내주어 살렸다. 돗자리도 없는 어느 어부 집 방에서 여러 날 밤을 지새우며 간호해 준 이도 마야스 선교사였다. 젊은 시절 교회에 처음 출석해 보고 세 번째 되던 주일에 세례 받은 것도 마야스의 인격과 사랑에서 받은 감화가 컸기 때문이다.

가가와는 훗날 고백하길

"마야스 선교사는 내 신앙의 아버지다. 가난할 때 언제나 돈을 얻으러 간 곳은 마야스 선생이었으며 폐병 앓을 때 입원시켜 주신 분도 그 분이다. 내 성격에 가장 큰 영향을 끼친 분도 마야스 선교사며 내가 인생을 비관할 때 희망을 심어준 분도 그 분이다. 그 분이야말로 복음적 사도였다"고 말했다.

가가와는 결혼도 좀 독특하게 했다. 평범함을 초월했다. 고베에서 거지대회를 열었을 때 많은 자원봉사자들이 와서 서빙을 했는데 그 중에는 '시바 하루꼬'라는 여성도 있었다. 평소 가가와의 강연을 듣고 존경했던 여인인데 유독 헌신적 서빙을 하는 모습을 보고 서로 뜻이 맞아 1913년 5월 고베 기독교회에서 결혼식을 올렸다. 식이 끝난 후 신랑신부는 인력거를 타고 빈민굴로 돌아와 주민들과 초밥으로 피로연을 열었다. 그리고 말했다.

"오늘 저는 여러분을 위하여 식모를 데려왔습니다. 이 자매는 나의 아내이면서 여러분들의 식모입니다. 어려운 일이 있으면 부탁하십시오."

이 세상에서 자기 신부를 식모라고 소개한 사람은 가가와뿐일 것이다.

어느 날 아침, 가가와 목사의 모습이 집안에서 보이지 않았다. 어디 갔는지 그의 아내가 찾으러 나가자 가가와 목사는 빈민굴의 공동변소 옆에 엎드린 채 기도하고 있었다.

"아무쪼록 이 가가와를 세계 전도를 위하여 써 주십시오, 아메리카로 유럽으로 보내주십시오"라는 기도였다.

그 아내는 그 기도를 듣고 놀랍고 어이가 없었다고 고백했다. 그러나 가가와 목사는 10년 후에 그가 기도한 대로 유럽과 아메리카에 초청받아 전도를 하게 되었다.

말년에는 시력 때문에 고생도 많이 했다. 눈앞에 가까이 하지 않으면 성경을 읽을 수 없었고 강연할 때는 칠판에 글씨를 크게 써야만 했다. 고베 빈민굴에 살 때 한 거지가 하룻밤 잘 곳을 청하자 오두막에 데려와 함께 자다가 그 거지가 갖고 있던 트라코마라는 눈병에 전염된 것이다. 이 병 때문에 그는 자칫 거의 소경이 될 뻔했다.

그는 강연에서 말을 별로 많이 안 했다. 그래도 그의 삶 자체가 영웅적인지라 그의 강연은 입추의 여지없이 인산인해를 이루었다. 십자가의 삶이었는데 굳이 무슨 설명이 필요하랴.

가가와 목사의 유언이다. 임종 시 남긴 말이 〈사선을 넘어서〉라는 책에 이렇게 기록되어 있다.

"나는 석가, 공자, 예수를 다 좋아합니다. 이유는 석가는 자비를 말하고, 공자는 인을 말하고, 예수는 사랑을 말하는 인격자들이기 때문입니다. 그러나 죄를 용서해 주는 속죄의 은혜는 석가나 공자에게는 없고 오직 예수에게만 있습니다. 나같이 죄 많은 사람은 예수 십자가용서의 복음 없이는 절대로 천국에 갈 수 없습니다. 나는 이제 예수 그리스도를 나의 구주로 믿고 천국으로 갑니다."

성 프랜시스 - 구도의 길

13세기에 활동한 성 프랜시스는 종교의 길로 접어들기 전인 젊은 시절, 미남은 아니지만 언제나 즐거움이 넘쳐서 아름답게 보이는 젊은이였다고 알려져 있다.

1182년 9월 26일, 이태리의 부유한 포목상의 아들로 태어난 그는 크고 반짝이는 눈과 커다란 귀를 갖고 있었으며 즐겁게 노는 것을 좋아해서 음유시인(연애시나 민중적 유행가를 부르며 각처를 떠도는 시인)의 노래를 부르며 여자들에게 구애를 하고 가톨릭 축제일에는 교회에 가는 대신 근처 시골길을 산책하며 시간을 보내곤 했다. 때론 방탕한 생활을 하기도 했다.

그런데 언제부터인가 갑자기 180도 전혀 다른 삶을 살기 시작했다. 무엇인가 깨달은 바가 있었을 것이다. 그러면 무엇이 '프란체스코 디 베르나르도네'라는 이름의 이 즐거운 중세의 플레이보이로 하여금 성자의 길로 가게 했을까? 그가 자신의 모든 것을 버리고 새로운 길을 찾아 여행을 떠난 것은, 무엇인가 잘못된 것 같은데 그것이 무엇인지 전혀 모르겠다는 절박한 심정 때문이었을 가능성이 크다.

그는 젊은 날 기사(knight) 작위를 얻기 위해 전쟁에 참여했다. 그러나 곧 포로가 되었고 일 년 후 석방되는데 이후 중병으로 시달리며 인생의 허무함을 깨닫는다. 몸이 회복된 후 다시 십자군전쟁에 참여했으나 이내 곧 고열로 혼수상태에 빠졌고 이윽고 다메섹도상의 사울처럼 주님의 음성을 듣는다.

"머뭇거리지 말고 다시 아씨시로 가라. 그리스도의 기사가 되어 사람을 살리는 일이 있을 것이다."

프랜시스는 곧장 집으로 돌아와 깊은 영적 고민을 거듭하다가 회심체험을 한다. 그리고는 완전 새사람이 되어 성자의 길을 걷는다. 가진 것을 가난한 이들에게 주었으며 가난을 친구로 여기는 삶을 살았다.

또한 그는 여행을 떠날 때마다 그 여행의 의미를 완전히 바꿔버리는 일들을 경험하곤 했다. 날씨가 갑자기 나빠지기도 했고 강도를 만나기도 했고 병에 걸리기도 했으며 때로는 종교적 환상을 보았다. 심지어 계시를 받은 적도 있었다.

그의 나이 23세가 되던 어느 날 저녁 무렵 그가 '아씨시' 성벽 밑, 조용한 은둔자들의 마을인 '산 다미아노' 성당에 갔을 때도 갑자기 십자가가 빛을 내면서 어디선가 목소리가 들려왔다.

"프랜시스, 내 집이 무너져 폐허가 되어 가고 있는 것이 보이지 않느냐? 가서 나를 위해 내 집을 수리하라."

프랜시스는 이 말을 무너져가는 교회를 수리하라는 뜻으로 받아들이고 아버지의 가게에서 말 한 마리와 비싼 천들을 훔쳐다가 돈을 마련해 '산 다미아노'의 사제에게 주었다. 그러나 사제는 그의 돈을 거절했다. 돈의 출처가 의심되었기 때문이다. 도둑질이 들통나자, 프랜시스는 아버지를 피해 '아씨시' 뒤쪽에 있는 '수바시오산'에 있는 차가운 동굴에 숨어 기도를 했다.

1209년 27세 때는 다미아노 성당에서 예배 인도자가 읽는 마태복음 10:5-15의 말씀을 듣는 순간 주님의 임재를 느끼고 말씀을 실천에 옮기기도 했다. 그리고 마침내 용기를 내어 그가 다시 '아씨시'로 돌아왔을 때 그는 전혀 다른 사람이 되어 있었다.

비단과 벨벳(우단. 비로도)으로 된 바지와 망토를 누더기 삼

베로 된 튜닉(반코트 모습)과 바꿔 입은 그를 보고 사람들은 미쳤다고 했다. 돌을 던지는 사람도 있었다. 그의 아버지는 그를 집으로 끌고 가서 사슬로 묶어놓고 매질을 했다. 그러나 신앙심이 깊은 그의 어머니는 아들이 성자의 길을 걷기 시작했다고 믿고 아무도 없을 때 그를 풀어주었다.

아들에 대한 실망 때문이었을까? 프랑스 사람들과 그들의 낭만적인 삶을 동경해서 아들도 그렇게 살기를 바라며 이름까지도 '프랜시스'라고 지었던 아버지로서는 아들의 누추한 모습과 조롱당하는 행동을 보면서 수치심과 함께 실망을 느끼며 재산 상속을 포기하게 된다.

얼마 지나지 않아 다시 아버지에게 잡힌 그는 재판을 받기 위해 '아씨시'의 주교 앞으로 끌려갔다. 당시는 지금처럼 사법부 재판정이 아닌 종교재판에서 모든 것을 결정하던 중세 시절이었다.

가난한 사람들에게 아낌없이 자기 것을 내어주는 아들에게 재산을 물려주기 싫었던 아버지는 그 자리에서 아들과의 절연을 선언했고, 프랜시스도 아버지와의 관계를 끊겠다고 선언했다. 그리고 입고 있던 옷과 가지고 있던 돈을 모두 아버지에게 건네준 후 알몸으로 **"하늘에 계신 우리 아버지……. 나는 하느님의 아들이지 사람의 아들이 아닙니다."**고 선언했다.(당황한 주교가 그에게 임시 겉옷을 입혀주는 돌발 상황이 발생하기도 했다.)

그리고 그는 걸식 수도자의 모습으로 '구비오'가 있는 북쪽을 향해 걷기 시작했다. 그가 내딛는 한 걸음 한 걸음은 자신의 내면을 향한 여행이었다. 그는 걸으면서 노래하고 걸으면서 기도했다.

'피오포'마을을 지난 직후에는 강도를 만나기도 했다. 그러나 그에게는 강도에게 줄 것이 하나도 없었다. 화가 난 강도들은 눈이 쌓인 도랑 속에 프랜시스를 던져놓고 도망쳐버렸다. 프랜시스는 노래를 부르며 도랑에서 일어났다.

프랜시스는 구비오산에서 친구이자 제자인 마태오와 함께 탁발수도 공동체를 만들었다. 이렇게 해서 '작은형제회'가 탄생된다. 이때부터 그는 본격적으로 탁발수도사의 길을 걷기 시작한다. 세월이 흐르면서 그는 "내 집을 수리하라"는 주의 음성이 자신의 마음을 수리하고 무너진 중세 기독교를 수리하라는 뜻임을 깨닫게 된다.

빈곤한 생활을 끌어안는 행위는 단순히 없으면 없는 대로 견디는 것 이상의 의미를 지니고 있다. 프랜시스는 아무것도 소유하지 않으면서도 남에게 베풀면서 사는 삶이 가능하다는 것을 보여주었다. 그의 약하고 병든 몸은 그를 겸손하게 했고 가난하고 병든 사람들을 기꺼이 환영할 수 있게 해주었다. 그들의 삶이 곧 그의 삶이었기 때문에 그는 순수한 마음으로 그들과 삶을 나눌 수 있었다.

전해오는 이야기에 의하면, 어느 날 아씨시 교외 '산타 마리아 델 안젤리'의 낡은 성당 근처에서 울면서 서성대고 있는 프랜시스의 모습이 보였다. 지나가던 사람이 측은히 여겨 "어찌하여 울고 있습니까?" 하고 물으니 **그는 손가락으로 하늘을 가리키며 "그리스도의 사랑이 나를 못 견디게 합니다. 주님의 고난을 생각하면 눈물이 쏟아져 나와 견딜 수 없습니다."고 했다. 너무도 흐느껴 우는 그의 모습에 묻던 사람도 함께 울었다고 한다.** 여기서 우리는 십자가에 못 박히신 그리스도의 고난과 사랑에 이끌려 살아간 그의 모습을 볼 수 있다. 그는 진정 예수님의 형상을 이루어간 것이다.

그가 구비오 마을에서 주민들을 괴롭히는 사나운 늑대를 순한 양처럼 만든 이야기는 너무도 유명하다. 짐승 뿐 아니라 사람도 잡아먹는 늑대를 찾아 "나에게 오라. 형제 늑대여. 그리스도의 이름으로 명하노니 나와 그 누구도 해치지 말라"고 말하며 십자가의 표시를 보이니 늑대가 사나운 입을 다물고 머리를 숙이며 갑자기 유순해졌다고 한다. 늑대를 그리스도 안에서 형제로 대한 것이다.

아씨시에서 구비오로 가는 길에 있는, 성 프랜시스의 뼈가 묻혀있는 산 프란체스코 교회는 1997년 가을에 일어난 지진 때문에 큰 피해를 보았는데 지오토가 그린 프레스코화가 아직도 망가진 채 남아 있다. 이 교회의 지하에 묻혀있는 성 프랜시스가 자신을 짓누르고 있는 3층짜리 교회의 무게 때문에 아주 갑갑해하지는 않을까?

그 자신이 종교계의 기존 질서에 등을 돌리고 탁 트인 길을 따라 여행을 하면서 만나는 모든 것을 환영함으로써 13세기 사회를 짓누르고 있던 미신과 폭력의 무게를 덜어내는 작업을 시작한 인물이었기 때문이다.

성 프랜시스는 자기 주위에 모여든 수도사들과 함께 둘씩 짝을 지어 이탈리아 국내는 물론 스페인, 프랑스, 스위스 등지를 도보로 여행하면서 설교를 하고 기도를 했다. 때로는 '수바시오 산'에서 명상을 하거나 '스폴레토' 계곡의 '포르지운콜라'에 있는 예배당 옆의 작은 오두막에서 함께 살기도 했다. 지칠 줄 모르고 걸어 다닌 덕분에 프랜시스의 발바닥은 갈라지고 못이 박혔을 것이다. 그의 끝없는 여행은 인간 조건의 진실, 즉 고통을 향해 그를 이끌었다.

성 프랜시스는 '라 베르나'에서 성흔을 얻었다.(외상, 즉 다섯 개의 상처 흔적을 말한다) 당시 그와 함께 있었던 레오 수도사의 기록에 따르면, 1224년 9월 17일 빛줄기가 성 프랜시스의 몸에 쏟아진 후 예수가 십자가에 못 박힐 때 났던 것과 똑같은 상처가 그의 몸에 나타났다고 한다. 아마도 그 번개는 라 베르나의 밤하늘을 수놓았을 것이다.

성 프랜시스는 40대 초반 무렵 건강이 악화되어서 더 이상 여행을 하지 못했다. 걸식생활에 그의 육체가 얼마나 힘들었을까? 제대로 먹지 못한 그의 육체는 기나긴 전도여행과 기도생활에 이미 탈진상태가 되었을 것이다. 생애 마지막 2년 동안 그는 말라리아, 영양실조, 결핵, 류머티즘 등에 시달렸다. 성흔이 있는 자리도 계속해서 콕콕 쑤시고 아팠다.

그가 곧 죽을 것 같다는 소식을 들은 아씨시 사람들은 사람을 보내 그를 아씨시로 데리고 왔다. 그는 이미 몸이 너무 약해져 걸을 수도, 말을 탈 수도 없었기 때문에 가마를 타고 성문을 통과했다. 한때 자신을 거부했던 도시를 축복한 뒤 그는 희망에 따라 포르지운콜라의 예배당에 알몸으로 누워서 최후를 맞았다. 1226년 10월 3일 44세 때의 일이다.

호화로운 산실이 싫어서 초라한 외양간에서 태어나길 원했다던 성 프랜시스!

가난을 친구 삼고 가난을 노래했던 성 프랜시스!

가난을 '청빈한 숙녀'라 부르고 자신은 '가난'을 신부 삼아 결혼했다고 말하는 프랜시스!

이천 년 교회사에서 예수를 가장 많이 닮았다는 후세의 평가를 듣는 성 프랜시스!

자신을 하나님의 피에로(어릿광대)라 부르며 예수님을 노래한 프랜시스!

그는 밤하늘의 별을 보고 감격에 겨워 "하늘에 계신 내 아버지여, 천하 모든 피조물이 아버지를 하나님이라 부르게 하옵소서!"하며 기도했다.

옛 기록에 따르면 그가 죽는 순간 그의 몸에서 빛이 나고 교회 종들이 저절로 울렸다고 한다. 탐욕으로 물든 이 시대 교회를 생각하면 그는 분명 이 땅에 한국인으로 다시 태어나야 하는 그 임이시다.

(이 글은 한국일보에 실린 글을 필자가 수정 보완한 글입니다. 신문에 실린 년도는 기억나지 않음)

한국의 법성法聖 - 사도 김홍섭 판사

전주에 가면 시내 한 복판에 한국의 법성 3인의 동상이 서 있다. 김병로 초대 대법원장, 김홍섭 판사, 최대교 검사의 모습이다.(공교롭게도 모두 전북 출신이다.) 얼마나 깨끗하고 거룩하게 살았으면 법조인에게 '거룩할 성聖 자'를 붙여주었을까. 먼저 사도라고 칭함을 받는 김홍섭 판사의 삶을 더듬어보고자 한다.

무상無常을 넘어 살다 간 사랑의 법관!

수인囚人들의 대부代父 김홍섭 판사!

그를 서민이라 부르기에는 그 생전의 직위가 너무나 현고顯考한 것인지도 모른다. 그러나 그가 분명한 서민인 것은 그가 수많은 사형수들의 친구였던 걸로 증명이 된다.

그는 이미 60년 전 사형제도의 폐지를 주장한 법조인이었다. 그러나 현실의 법은 어떻게 할 수 없어 그는 그 법을 집행하면서 사형수들에 대한 종교적 구원에 진력했다. 그가 바쁜 일과의 틈을 타서 사형수들을 옥중으로 찾아다니며 그들의 정신적 아버지代父가 되었던 일은 세상에 너무나 잘 알려져 있다.

그는 월급과 고료稿料를 털어 수인들에게 종교서적을 차입하는데 숨은 보람을 찾았다. 그가 죽기 전에 남긴 수상록 〈무성無常을 넘어서〉에서 그는 과연 인간이 인간을 재판할 수 있을까에 대해 이렇게 독백하고 있다.

'모든 형사피고인에게 있어서 그들의 인격과 과거생활을 고려하지 않고 공소장 게재 사실만으로 그의 이전의 운명과는 무관하게 처결해낼 수 있을까?

단위에 앉아 피고인을 내려다보는 재판장의 심상心像은 과연 안온하고 자신에 찬 것일까?

과연 인간이 인간을 재판할 수 있을까?'

그가 중형을 선고하기 전에, "불행히도 세계관이 달라 여러분과 나는 자리를 달리합니다. 하느님의 눈으로 보면 어느 편이 죄인일는지 알 수 없는 노릇입니다. 이 사람의 능력이 부족하여 여러분을 죄인이라고 단언하는 것이니…….” 하고 말을 이어갈 때 피고인들이 모두 소리 내어 엉엉 울었다는 일은 너무나 유명한 삽화揷畵가 되어 있다. 그가 바로 무상無常을 넘어선 수인들의 대부요 청렴결백한 사람이요 명 법관으로 일컬어지던 사도 김홍섭(1915-1965) 판사다.

전북 김제시 금산면 원평리, 가난한 농가의 외아들로 태어난 그는 보통학교를 나온 뒤 집안 형편 때문에 진학을 못하고 그의 조부로부터 한학을 배웠다. 소년시절의 김홍섭은 그가 끔찍이 귀여워하던 이웃집 어린아이가 갑자기 숨을 거둔 사건을 겪는다. 이 사건은 그의 길고 긴 구도 길의 시작이었다고 전해진다. 뒷산 한 모퉁이 소나무 사이에 엎드려 그 아이를 살려달라고 한 달 동안이나 기도드렸다고 한다.

“사람은 죽는다.”

“죽은 사람은 살아나지 않는다.”

“그리고 죽은 후에는 어떻게 되는 것인가?”

이 같은 생사관의 의문에 싸여 그는 교회에 나갔고 성서를 열심히 읽었다. 이어서 그는 문학서적, 위인전기 등을 빼놓지 않고 탐독했으며, 그의 일생을 법과 연결 짓게 한 링컨 전기에서 결정적인 감명을 받았다. 고학으로 변호사가 되어 가난하고 어려운 사람들을 위해 일하고 대통령까지 된 링컨의 생애는 소년의 가슴을 설레게 하기에 충분했던 것이다.

20세 되던 해 전주로 나가 일본인 변호사 사무실에서 일하던 그는 일본인 주인의 권유로 일본으로 건너가 고학으로 일본대학에서 공부했다. 그리고 그 이듬해 조선변호사시험에서 합격하자 학업을 중단하고 귀국, 일제 식민지 치하의 억울한 우리 동포들을 위해 법정에 선다. 해방 후에는 서울지검 검사로 부름을 받아, 46년에는 세상을 놀라게 했던 '정판사 위조지폐 사건'을 당시의 조재천 검사와 함께 낱낱이 파헤쳐 명성을 떨치기도 했다.

김홍섭은 이 사건과 관련, 무슨 압력을 받았음인지 훌쩍 사표를 던지고 닭과 돼지를 치며 전원생활을 시작했다. 흙으로 된 인간은 흙과 더불어 흙에서 나는 것을 먹으며 살다가 다시 흙으로 돌아간다는 평소 그의 인생관에 따른 것이다.

그러나 그의 전원생활도 잠깐이고 미 군정청의 김병로 사법부장으로부터 "할 일이 태산 같은데 무얼 하느냐"는 호통을 받는다. 그는 다시 서울지법 판사로 돌아와 별세할 때까지 법관으로 입관하게 된다.

그러나 법관이 된 다음에는 '사람이 과연 사람을 재판할 수 있을 것인가?'가 그의 끊임없는 의혹이 되었다. 그래서 그는 사형이나 중형에 처해야 할 사건배당을 맡으면 교도소로 피고인을 찾아가 인간의 존엄성에 대해 이야기를 나누었다. 그와 접촉한 피고인들 치고 교화되지 않은 이가 없었다고 당시의 법조 동료들은 지금도 생생하게 증언한다. 법관으로서의 그가 명절

때 들어온 사과 상자를 되돌려주었다든가, 매일 도시락을 싸가지고 걸어서 출퇴근했다든가 하는 대쪽 같은 그의 성격을 나타낸 일화는 수없이 많다.

그는 동서지간인 조규찬 박사(전 가톨릭의대 교수)와 낮 시간에 명동에서 만난 일이 있었다. 그때 그는 같이 점심을 먹자는 동서의 제의를 받고 한사코 사양하며 달아났다고 한다. 다음에 만난 조 박사가 '일부러도 점심을 같이 할 터인데 그럴 수가 있느냐? 섭섭하다'고 말하자 김홍섭은 '그 전에 나에게 무슨 재판에 대해 상의한 일이 있지 않느냐'고 대답했다는 것이다. 이처럼 그는 재판에 영향을 미칠 염려가 있다고 생각되면 동서지간일지라도 결코 밥 한 끼니를 같이 하지 않는 성격이었다.

김홍섭 판사가 육군특무대장 김창룡중장 암살배후조종자로 사형이 확정된 허태영을 찾아가 나눈 대화:

- 생명의 본원에 대해 생각하여본 적이 있습니까?

* - 전혀 없는 것은 아닙니다.

- 앞으로 신심信心을 가져볼 의향은?

* - 글쎄요. 이런 환경에서……. 구차스럽지 않겠습니까?

- 그런 일에 구애받을 필요는 없소. 마치 부모에게 효도를 하는 것이 떳떳한 일인 것처럼 만유의 주재자에게 공경을 드리고 또한 귀의하는 것은 당연지사니까.

결국 김 판사를 대부로 영세를 받은 허태영은 현장의 마지막 순간까지도 죽음을 두려워하지 않는 모습을 보였고, '자신의 행동은 후세의 역사가 증명해주리라'는 말과 함께 김홍섭 판사에게 '인생의 빚을 지고 간다'는 말을 남기고 이 세상을 작별했다. 그의 사형수들에 대한 감화의 사례는 헤아릴 수 없이 많으나 한 사형수의 수기에서 그 면모를 적나라하게 볼 수 있다.

"대부님은 문둥이같이 더러운 제 영혼을 오직 예수 그리스도의 공로로 기적적인 성신치료와 함께 흙탕물 같은 죄악 속에서 소생시켜주었다. 또 대부님은 신앙생활을 할 수 있도록 사재로 많은 책을 차입해 주시고 매주일 찾아주시며 수고를 아끼지 않으셨다. 그런데 뜻밖에 하루는 전주지방법원장으로 전근을 가시게 되어 왔노라고 하며 우리 인간은 모두가 다 변하기 쉽고 약해서 믿을 바 못되니 섭섭히 생각지 말고, 불쌍한 인간을 항상 생각하여 괴로울 때나 기쁠 때나 언제나 동반해주시는 하느님만 신뢰해야 한다고 피력할 때 눈시울이 뜨거워지는 것을 억지로 참았다. 일생에 좋은 일을 제대로 하지 못한 것을 생각하여 언젠가 대부님께서 몇 차례 보내주신 귀한 돈으로 〈교부들의 신앙〉이란 책을 한 권 사고 나머지는 불쌍한 사람에게 세면도구를 사주었다"

품성이 착하고 인정이 많았던 김홍섭은 늘 노타이에 검은 고

무신을 신고 다니는 어려운 생활을 계속했다. 그러나 그는 6.25때 죽은 친구의 외아들에게도 매달 학자금을 얼마씩 보내곤 했었다.

그가 젊은 법관들에게 늘 타이르는 말은 '한 인간의 생명을 법관 자신의 생명과 비교하여 보라'는 것이었다.

서울 고등법원장으로 재직할 때 관용차를 타지 않고 늘 걸어 다니는 것을 보고 다른 사람들이 건강을 위해 그러느냐고 물으면 그는 '공직을 그만둔 후를 생각해서'라고 소박하게 대답했다고 전해진다.

그는 광주지법에 근무할 때 '성 프랜치스코 수도회'에 입회하여 재속在俗의 몸으로 성직자 못지않은 수도생활을 했고, 자식 8남매만 키우면서 '수도원 종치기'로라도 들어가고 싶다고 말했으며 기회 있는 대로 제천의 베른성지와 전주 치명자산致命者山을 찾아 경건히 머리 숙였다.

김홍섭은 지병인 간암으로 세상을 떠났다. 그러나 그를 아는 이들은 밥 한 그릇도 나누지 못하는 청렴결백 때문에 영양실조로 숨을 거뒀다고 믿고 있다. 박봉을 쪼개어 죄수들을 도우며 살았으니 세끼 밥이나 제대로 먹었을까.

그는 죽기 몇 달 전에 경기도 양주군 별내면 천주교 묘원에 가족 묘지를 마련해 놓았었다. 생명이 얼마 남지 않았음을 예감하고 있었는지 모른다. 그 비석에는 평소에 늘 묵상하고 또 남에게 알려주던 성경 구절을 새겨 넣었다.

"먼지는 제가 생겨난 땅으로 돌아가고 영혼은 그를 주신 천주께로 돌아갈지니라."(전 12:7)

김홍섭은 갔지만 그가 하던 일인 '가톨릭 교도소후원회'가 전국 규모로 활동하고 있고, 미망인인 김자선 여사는 부군의 뜻을 이어 이 후원회의 회원으로 봉사하고 있다.

(1981년 7월 5일 자 한국일보)

무명의 사도들 - 어느 수녀 이야기

"아침이 되어 눈을 뜨면 한국 생각을 하고 밤이 되어 잠이 들면 소록도 꿈을 꾼다."

2006년 11월 21일 전남 고흥군에 있는 소록도에서는 큰 일이 일어났다. 나병환자들의 치료시설과 재활촌이 자리 잡은 이곳에서 지난 43년을 나환자들과 함께 살아왔던 벽안碧眼의 두 수녀가 편지 한 장만을 남긴 채 홀연 그들 곁을 떠난 것이다. 작별의 슬픔과 아쉬움도 함께 할 수 없었던 주민들은 지금도 성당에 모여 그저 눈물에 젖은 감사기도만 올리고 있다. 오스트리아 출신의 마리안느 스퇴거(71) 수녀와 마가렛 피사렉(70) 수녀가 바로 그들이다.

오스트리아 간호학교를 나온 두 수녀는 한국의 소록도라는 곳 나병원에서 간호사를 원한다는 소식을 소속 수녀회에서 듣고 1962년과 66년 차례로 소록도를 찾아왔다. 이들은 부임한 그날부터 환자들이 말리는데도 약은 꼼꼼히 발라야 한다며 장갑도 끼지 않고 상처를 만지고, 오후에는 죽도 쑤고 과자도 구워 들고 마을을 돌았다.

그로부터 43년, 꽃다운 20대의 어여쁜 처녀들이었던 두 수녀는 어느덧 일흔이 넘은 할머니가 되었다. 그래서 그곳 사람들은 투박한 전라도 사투리에 한글까지 깨친 두 수녀를 '할매'라 부르며 따랐고, 두 할매들은 친척들도 만나기를 꺼려하는 그들에게 진정한 친구요, 어머니이며 친 할머니 같은 존재로 그 긴 세월을 이들과 함께했다.

두 수녀는 외국 의료진을 초청해 장애교정 수술을 해주고 한센인 자녀들을 위한 영아원을 운영하는 등 보육과 자활정착 사업에도 혼신을 기울여 헌신했다. 우리 정부도 뒤늦게 이들의 선행을 알고 1972년에 국민포장, 1996년에는 국민훈장 모란장을 수여했고 오스트리아정부 역시 10여 년 전 훈장을 주기 위해 주한 대사가 섬까지 찾아오기도 했다.

그러나 숨어 어루만지는 손의 기적과 누구에게도 알리지 않는 베풂이 참다운 베풂임을 믿었던 두 수녀는 어떤 인터뷰도 사양했고 병원 측이 마련한 회갑잔치마저 기도하러 간다며 피했다. 또 본국 수녀회가 보내오는 생활비마저 환자들의 우유와 간식비, 그리고 성한 몸이 되어 떠나는 사람들의 노자로 나누어 주었다.

그런데 가족처럼 사랑하던 소록도 나환자들을 남겨두고 그들은 왜 떠났는가? 그들이 남기고 간 편지에서 '나이가 들어 제대로 일을 할 수 없고 우리들이 부담을 주기 전에 떠나야 한다고 생각하고 있었는데 지금이 바로 그 때'라고 떠나는 사연을 밝히고 '부족한 외국인으로서 큰 사랑과 존경을 받아 감사하며 저희들의 부족함으로 마음 아프게 해 드렸던 일에 대해 이 편지로 용서를 빈다'고 눈물 젖은 편지의 끝을 맺고 있다.

결국 노쇠해 가는 육신의 한계를 느끼며 그곳 사람들에게 폐끼치기 싫어 아무도 모르는 이른 새벽 소록도에 올 때 가지고 왔던 해진 가방 하나만 들고 그들은 이 땅을 떠난 것이다. 떠나기 전 그들은 헤어지는 아픔을 줄까 봐 말없이 떠나겠다는 의사를 전했다고 한다.

김명호(56) 소록도 주민자치회장은 "주민에게 온갖 사랑을 베푼 두 수녀님은 살아 있는 성모 마리아였다"며 "작별인사도 없이 떠나신 두 수녀님 때문에 온 섬이 말할 수 없는 슬픔에 잠겨있다"고 말한다.

어찌 그러하지 않겠는가? 43년 그 긴 세월을 함께했던 할머니가 보은의 기회도 주지 않고 도망치듯 그들 곁을 떠났으니.

그런데 나는 두 분 수녀님들의 이야기를 전해 듣고 꼭 100여 년 전 하와이 군도 몰로카이 섬에서 나환자를 돌보다가 본인도 나환자가 되어 선종한 다미엔 신부를 떠올렸다. 젊은 시절 그 분의 전기를 읽고 한 인간의 박애와 종교적 열정이 이렇듯 대단할 수도 있을까 하고 감탄했는데 두 분 수녀님의 사랑과 헌신의 삶은 결코 다미엔 신부에 뒤지지 않는다.

다미엔 신부는 성한 사람이라면 아무도 발을 들여놓지 않으려는 나환자들의 수용소, 의사는 고사하고 간호원 하나도 없어 버려진 감옥이나 다름없는 몰로카이 섬을 자원해서 들어가 가톨릭 사제로서 선교활동은 제쳐두고 환자들의 상처를 돌보는 의사로서, 그 많은 수용인원을 위하여 집과 병원을 짓는 막노동꾼으로, 죽은 이들을 위하여 손수 무덤을 파 장사 치른 사람도 1600 여명에 달하는 장의사로서 마치 멧돼지가 돌진하듯 몸을 가리지 않는 열정으로 일하였다.

섬에 들어온 지 불과 3년, 본인도 나병에 감염된 사실을 알았으나 아무에게도 이야기하지 않고 지내던 중, 일그러진 신부의 얼굴과 손발, 불편한 걸음걸이가 드러나 하와이 교구에서는 병원 이송과 벨기에 본국송환 치료를 강력히 권하였으나 그는 미동도 하지 않고 그 섬에서 13년을 더 봉사하다가 그의 나이 49세, 그가 사랑하던 환우들의 품에서 조용히 운명한다.

그의 죽음이 세상에 알려지자 태평양 한복판의 밤알만한 몰로카이 섬의 이름이 세계의 지도 위에 빛났고 전 세계 나병환자들에 대한 관심을 집중케 하였다. 후일 그의 유해가 조국 벨기에로 돌아오던 날 벨기에는 국왕을 비롯하여 수많은 국민들이 개선장군을 맞듯 경건함 속에 그를 맞았다. 후에 그는 벨기에가 뽑은 '역사상 가장 위대한 벨기에인'이 되었다.

그런데 소록도의 두 수녀님은 다미엔 신부 같은 사후의 추모 기회조차 주지 않고 떠났다. 아마도 언젠가는 맞을 죽음조차도 그 분들은 결코 아무에게도 알리지 않고 어느 수녀원에서 조용히 맞을 것이다. 생각해 보라. 수녀이기 전에 한 인간으로서, 누구의 강요도 요청도 없이 유형流刑의 감옥 같은 나환자 수용소에서 환자들과 함께 43년을 보낸 삶을! 소록도 봉사 몇 개월로도 군 의무를 때우는 이 나라에서 사실상 온 일생을 오롯이 그곳에서만 바친 두 수녀님의 삶은 아직도 작은 미망迷妄에서조차 벗어나지 못하고 있는 나 자신이나 탐욕과 이기利己에 가득 찬 이 세상에 한 줄기 밝은 빛살이 되고 있다.

몇 년 전 소록도를 다녀온 적이 있다. 깨끗한 병동, 아름답게 가꿔진 공원, 남해의 풍광이 그림처럼 펼쳐지던 그곳, 그때는 몰랐지만 상처받은 사람들을 반세기 가깝게 돌보며 일생을 보낸 두 수녀님의 사랑의 향기가 밴 그곳을 언젠가 다시 찾고 싶다. 비록 말없이 떠나셨지만 그분들의 가없는 사랑이 민들레 씨앗처럼 바람에 날려 자라나는 그 섬을 다시 밟고 싶다.

(2006년 12월 18일. 김병룡)

"문둥이의 참상을 한번 눈으로 보면 미련한 사람은 신의 존

재를 부정하리. 그러나 그들을 간호하는 수녀들의 모습을 보면 미련한 사람들도 신을 찬양하리라"

(편자 후기)

오스트리아 인수부르크의 어느 요양원에서 조용히 병든 말년을 보내는 두 수녀님 - 자신의 행위를 잘 드러내지 않아 그의 삶이 누군지 좀처럼 알기 어려운 큰 할매 마리안느, 한국을 다시 방문하고 싶지 않느냐는 기자의 질문에 자꾸 자기를 대우해주고 높여주는 것이 싫어서 가기 싫다는 작은 할매 마가렛 - 그들을 보고 있노라니 그들이 믿는 신이 유달리 위대하고 숭고하게 느껴진다. 그들이 섬기는 신은 하느님이었다.

전남 고흥군은 두 분에게 매월 1004달러씩 노후생활 안전자금으로 지원하기로 했다. 2016년 11월부터 2026년 10월까지 10년간이라고 한다. 2017년 현재 그들의 나이는 83세와 82세다.

-"이같이 너희 빛을 사람 앞에 비치게 하여 저희로 너희 착한 행실을 보고 하늘에 계신 너희 아버지께 영광을 돌리게 하라" - (마태복음 5장 16절)

나환자의 사도 - 다미엔 신부

배운 적도 없는데 집을 짓고, 아무도 들지 못하는 무거운 목재를 어깨에 메고 와서 나환자들의 보금자리 수백 채를 짓는 괴력의 소유자가 있었다. 나환자들을 위해 성당을 짓고 화장실을 지었으며 길을 만들고 공원을 만들었다. 거구의 체격과 불타는 정열이 있었기에 가능했다. 어쩌면 그는 몰로카이를 위해서 태어난 사람인지도 모른다.

하와이 몰로카이 섬에 자원해서 들어가 아무도 돌보지 않는 나병환자들을 위해 일생을 바친 다미엔 신부! 그는 분명 나환자의 사도요 나환자의 대부였다. 그들을 위해 헌신하다 자신도 나환자가 되었건만 육신이 썩어 들어가는 끔찍한 고통에 시달리면서도 1889년 49세로 하느님의 품에 안길 때까지 나환자들을 위한 헌신의 손길을 늦추지 않았다.

구약시대의 사람들이 '저주받은 자'라 하여 배척한 후로 나병은 듣기만 해도 팔다리의 솜털을 곤두세우게 되고 몸서리쳐지는 병이 되었다. 우리는 어린 시절 이 병을 문둥병이라 불렀다. 그런데 이처럼 배척당한 나환자의 친구로서 16년간 몰로카이에서 그들을 보살피고 사랑해 줌으로 그리스도의 사랑을 그대로 실천한 분이 바로 다미엔 신부다. 천상의 예수님이 죄 많은 인간의 옷을 입으셨듯이 그는 건강한 몸으로 나환자의 옷을 입은 것이다.

어린 시절

다미엔 신부는 1840년 1월 4일 벨기에의 농촌에서 한 농부의 6번째 아들로 태어났다. 아기 때 이름은 요셉이었고 어머니 카타리나는 어려서부터 성인전을 잘 읽어주는 신앙인이었다. 어려서부터 요셉은 은둔생활한 성 안토니의 흉내를 내보고 싶어 인적이 끊어진 깊숙한 곳에서 침묵을 지키며 기도하다가 해가 저물도록 안 돌아오는 바람에 온 집안이 발칵 뒤집어진 일도 있었다.

요셉은 어느 날 스케이트 타다가 얼음 속에 빠져 죽을 뻔했던 일과 또 말에서 떨어져 죽을 뻔했던 위험에서 건짐을 받고 나서부터는 더욱 더 마음을 다해 예수님을 사랑했다. 자기 몸을 괴롭히려 잠자리에 나무판자 깔고 자기도 하면서 정신집중을 하나님께로만 바쳤다.

요셉이 성장함에 따라 모든 면에 착실한 그를 시골에서 살게 하기는 아깝다는 생각이 들어 부모는 왈룬에 있는 고등학교에 진학시켰다. 요셉은 아무리 공부를 많이 해도 지칠 줄을 몰랐고 배움에 대한 열의는 대단했다. 그러나 요셉은 부모의 기대와는 달리 일반 공부보다 수도생활에 끌려 보다 거룩한 생활을 하고 싶어 했는데 그의 형이 이미 그 길을 갔기에 부모님은 반대하는 형편이었다.

그러던 어느 날 강론시간을 통해 자신의 일생은 세상이 주는 부귀영화를 누리는 것보다 정결, 가난, 순명의 길을 걸어야 한다는 확신을 얻었다. 그 후로 갈피 못 잡던 마음도 정리되어 고향의 부모님들께 자신의 수도생활 결심을 전하고 1859년 19번째 생일을 맞은 날 수도회에 입회하게 되었다.

수도회 입회

요셉은 수도회에 입회한 날부터 모든 일에 있어서 지나칠 정도로 열심히 해나갔다. 그러나 라틴어를 못 배워 회칙에 의해 평수사인 노동수사가 되어 온 마음 다해 하나님의 영광만을 드러내는 일을 했다. 신부이건 수사이건 아무리 비천한 노동일지라도 하나님께 봉사하는 일이라면 기쁘게 했다. 회칙에 따라

본명을 바꾸어 수도명인 다미엔이라는 이름도 여기서 받았다.

수도생활은 극기의 생활을 해야 했다. 훌륭한 사제가 되기 위해 자기의 결점도 고쳐야 했으나 그는 분노하기 쉬운 성격을 가졌기에 그것이 뜻대로 되지 않아 실망하고 낙담한 적도 많이 있었다. 그는 '침묵, 반성, 기도'라는 말을 마음에 새기되 더욱 깊게 새기기 위하여 칼로 책상에 새기고 그대로 생활하고자 했다.

다미엔은 다음해 사제가 되기 위해 파리 루뱅신학교의 수련원으로 갔다. 얼마나 힘든 시기였는지 엄격한 수련으로 인해 시력이 나빠져 두꺼운 안경을 쓰게 될 정도였다. 거기서 그는 성당에 있는 유명한 동양선교사 자비어의 화상 앞에 무릎 꿇고 앉아 자주 명상에 잠겼다.

해외 선교사로

형님 되는 팜필 신부는 그 즈음 하와이 선교사 모집에 선발되어 모든 준비를 마칠 무렵, 이 집 저 집 임종자의 병상을 찾아다니다가 장티푸스에 전염되어 해외선교의 길이 막히게 되었다. 이때 다미엔은 형님 대신 자기가 가겠다고 자원하여 나섰다. 그의 나이 23세, 홍안의 청년이었는데, 그 때 고향을 떠난 후 25년 동안 다시는 고향 땅을 밟지 못하고 말았다.

1864년 봄, 하와이 대성당에서 메그레 주교의 안수를 받고 다미엔은 사제로 서품되었다. 1864년 5월 21일에는 태평양 한 조그만 섬의 제단에서 첫 미사를 드렸다. 100명의 신자들에게 성체를 나누어준 다미엔은 영적감동에 사로잡혔다. 그의 나이 24세 때였다.

신부가 된 다미엔은 하와이의 푸노라는 한 작은 지역을 맡았다. 주교는 다미엔이라는 젊은 신부를 눈여겨보았고 그를 계기로 두 사람 사이에는 정신적인 깊은 우정과 이해가 싹트게 되었다.

푸노에 성당을 건축하는데 다미엔은 설계사도 되고 목수도 되고 건축자도 되어 뙤약볕에서 땀을 흘려가며 일했다. 그는 기운이 세어서 원주민 4명이 못 드는 목재도 번쩍번쩍 혼자 어깨에 메고 다니며 일을 해서 원주민들은 놀라워하면서 적극적으로 일을 도와주었다.

공사하는 동안에도 아무리 깊은 정글도 개의치 않고 미사를 드리러 다녔다. 용암이 흘러내려 타고 있는 곳도 무서움 없이 다녔다. 성당이 완공되어 의자를 만들어 주었더니 지금까지 안 보던 처음 보는 것이라서 굳이 사양하기도 하는 반 벌거숭이 원주민들을 가르쳐 주일날에는 옷을 입을 줄 알게도 했다.

다미엔은 누님에게 보낸 편지에서 '번민은 많고 위로는 적은 요즈음의 생활이라 하나님의 섭리에 따라 인내가 제 사업의 생명이라 생각하며 살아갑니다.'라고 썼다.

나병과 다미엔 신부

다미엔이 30세 되던 해, 하와이에는 무서운 질환이 나돌았는데 그것은 죽음보다 무서운 나병이었다. 한 마을에서 감염자가 50명이나 발견되는 등 빠른 속도로 퍼지자 하와이 정부는 1873년 1월 이미 감염된 나병환자를 격리시키기 위한 법률을 제정했다.

그 격리지로 선정된 곳이 몰로카이 섬인데 이 섬은 자급자족하기 위한 경작지도 있었다. 한쪽은 기암절벽으로 막혀 있고 경관 또한 아름다워 격리지로 선정되었다. 사람들은 '하늘을 꿈꾸는 섬'이라 불렀다. 처음 141명이 그곳으로 보내졌으며 나병감염자가 계속 늘어나자 나병 예방운동이 강력하게 일어났다. 조금이라도 나병이라고 의심되는 사람은 당국에 신고 되어 격리지로 옮겨졌다.

그러나 가족들은 생지옥 같은 격리지에 안 보내려 했고 그래서 여기저기 산중에 숨어 들어가 살며 수색대원이 나타나면 고름세례로 대항해 나갔다.

어떤 사림은 권총을 휘두르며 대항해 어느 쪽이든 피를 보지 않고는 물러서지 않는 사태가 생겼다. 그들은 산 속에 살며 다른 사람에게 피해주지 않으면 되지 않느냐고 울부짖기도 하나 결국 붙들려 배에 실려 갔다. 이런 모습을 보는 다미엔의 마음은 괴롭고 아팠다.

격리지에는 성당은 있으나 사제는 없었다. 이러한 사실에 가톨릭에서 신부를 파견하기로 했는데, 거기에 다미엔이 일어나서 자신을 보내 줄 것을 요청했다. 50명의 나병환자와 함께 몰로카이 섬으로 가는 배를 탄 다미엔은 한시라도 빨리 가고 싶은 마음으로 조급했다. 그가 섬에 도착했을 때 환자들의 신음소리는 짐승의 울부짖음처럼 들렸다. 몰로카이의 병자들을 처음 본 다미엔은 도저히 사람이라고 생각하기 어려울 정도로 일그러진 흉측한 모습이었기에 자기도 모르게 얼굴을 돌리고 말았다.

저주받은 몰로카이 섬

나병은 아주 오랜 역사를 지니고 있는데 성경에는 레위기 13장과 14장에 기록이 있다. 이 나병은 이스라엘 사람들이 애급에서 노예생활하던 때 이미 있었던 것으로 추측되는데 원인은 하류계층의 사람들이 썩은 것이나 다름없는 날 생선을 먹은 것이 그 원인이라고도 한다.

나병이 유럽에 퍼진 것도 로마제국이 애급에 쳐들어갔다가 전염되었다고도 한다. 기독교의 바탕 위에 세워진 중세사회에서도 나병은 육체적으로만 아니라 정신적으로도 저주받았다는 관념이 사라지지 않았다. 눈이 있어야 할 자리에 고름구멍이 있고, 코가 있을 자리에 그저 빠끔이 뚫어진 두 구멍이 있고, 손은 끝이 부러진 몽둥이 같은 사람들이었기 때문이다.

이런 곳에 다미엔이 도착하자 처음에는 거부감을 드러내며 가까이 하려 하지 않았다. 소망을 포기한 환자들인지라 마음

문을 열지 않았던 것이다. 그래서 다미엔은 "저들을 구원시켜야 하니 저에게도 저들과 같은 나병을 주시옵소서!" 하며 기도했다.

처음에는 머물 수 있는 곳이 마련되지 않아 8주간이나 집이 없어 나무 그늘에서 지냈다. 이튿날 동네를 돌아본 그는 식수가 부족한 것을 발견하고 여기저기 산골짜기를 헤치며 저수지를 발견해 내어 보건당국에 끈질기게 요청해서 집집마다 파이프를 연결하여 물을 공급하게 했다. 나병환자에게 물은 상처 씻기 위해, 붕대 빨기 위해 너무나 필요한 것이었다. 이제는 물만이 아니라 빨래 청소도 넉넉히 하게 되니 나환자들은 다미엔의 말을 잘 듣게 되었다.

다미엔은 환자를 일일이 찾아다니며 청결한 습관을 지니도록 가르치며 손가락이 뭉그러진 사람은 손수 붕대 감아주고 썩어가는 환자의 몸을 닦아주기도 했다. 저들을 지극한 사랑으로 보듬으니 그들은 계속 섬에 있어 달라고 졸라댈 정도였다.

그러나 800명의 환자를 돌보기는 역부족이었다. 다미엔이 형에게 쓴 편지를 보면, 나병은 불치병으로 처음에는 혈액이 썩고 그 다음엔 피부, 특히 뺨에 변색 된 부스럼이 나타나고 병균이 침범한 자리에는 감각이 없어지고 신체의 말단부분이 뭉그러지기 시작하여 살점이 떨어지고 악취가 나며 그들의 입김조차 고약하며 그래서 주위의 공기는 독기가 되어 버린다고 했다. 이 분위기에 익숙해질 때까지 무던히 참고 고생했는데 예수님께서 썩은 나사로의 무덤 앞에 서신 것을 생각하며 참았다고 술회했다. 의사는 한 사람도 없는데 사실 병이 낫거나 치료의 방법이 없으니 의사가 필요하지도 않다고 했다.

계몽운동

원시적인 초가집에서, 세상에서 버림받은 이들인 중환자들과 경환자들은 초면이든 구면이든 남녀가 서로 뒤엉켜 산다. 환자가 새로 들어오면 고참 환자는 그곳이 무법천지인 점을 가르치면서 여자와 술로 풍기를 문란케 한다. 다미엔은 엄포도 놓고 타이르며 악풍과 싸웠지만 어려웠다. 그래서 이들에게 삶에 대한 희망을 안겨주어 의욕을 갖게 해 주어야겠다 생각하여 의식주 개선에로 관심을 돌리게 했다.

그 즈음 갑자기 불어닥친 스콜이라는 강풍의 소나기가 불어닥치고 엉성한 오두막집도 비바람에 쓰러지고 집 잃은 환자는 빗물에서 며칠을 떨며 지내는 일이 있었는데, 그들은 그때 다미엔의 계획을 받아들이게 되었다. 손에는 연장 들고 집 짓는 법을 일일이 가르쳐주니 모두가 이웃에게 지지 않으려는 생각으로 열심히 지어 나가며 노동에 열심을 내면서 삶의 의욕을 찾기 시작했다.

기대했던 자급자족이 어려워지면 정기선을 이용해 식량공급을 당국에 요구했다. 정부를 설득하여 6만 달러의 수당을 지급받고 필수품 파는 상점도 열어서 이 문제들을 해결해 나갔다.

성전도 건축하고 오두막집도 300개나 건축하여 마을은 새로운 모습으로 탈바꿈했다. 그리고 하루도 사람 죽지 않는 날이 없었는데 관이 부족하여 누더기에 싸여서 얕은 땅에 묻히게 되니 비가 오면 진창이 되어 여우들이 시체를 파헤쳐 놓아서 냄새가 코를 찌르고 뼈다귀들은 사방으로 흩어지곤 했다.

그래서 다미엔 신부는 밤낮을 가리지 않고 계속 관을 만들었다. 거의 날마다 있는 장례식을 위하여 장송대를 조직하여 장례식도 훌륭히 치르고 대원들도 활기 있게 해주었다. 손수 1000개의 관을 짰고 나환자들의 시신을 무덤으로 운반하고 손수 구덩이를 팠다고 한다. 그가 고향에 보낸 편지를 보면 '나는 관을 짜는 목수입니다. 그리고 무덤을 파는 인부입니다'라고 했다.

천국의 섬 - 몰로카이

1875년 6월, 다미엔 신부가 몰로카이 사람이 된 지 2년이 되던 해, 메그레 주교가 몰로카이를 방문하고 너무나 엄청난 개혁 작업에 놀랐다. 메그레 주교의 미사에 참여코자 성당은 뜰에까지 사람이 가득했다. 미사에 참여한 사람들은 칼로 코를 자른 듯 두 구멍만 빠끔이 뚫려 있는 사람들이었다.

어디선가 본 기억이 있는 얼굴이다 싶어 생각해 보면 그것은 해골을 연상한 것이었다. 머리가 벗겨져 군데군데 섬처럼 털이 남아 있는 사람, 이마가 뒤통수까지 밀려 올라간 여자, 손가락이 없는 사람, 오른손 손등 위에 기도서를 올려놓은 사람, 손가락이 절반이나 뭉그러진 사람이 턱 끝을 사용해 책장 넘기고 있는 모습을 보며 주교는 자기의 건강한 몸이 미안하여 성모상 뒤로 숨기도 했다.

또 다른 큰 사업은 고아원 설립이다. 부모의 슬하를 떠나 있는 미감아들을 위해, 남편과 사별한 건강한 주부에게 보모일 맡겨서 보살피게 했다. 나중에는 초등학교 과정을 가르치는 데까지 발전시켜 나갔다.

한 가지 사업이 끝나기도 전에 벌써 또 다른 사업에 착수하여 쉴 새 없이 힘겨운 일을 해 나갔다. 그래서 도와주던 안드레아 신부는 다미엔이 독자적인 행동을 취한다며 뜻이 맞지 않아 1880년 6년간 일하다 돌아가 버렸다.

다미엔은 환자들과 더불어 성인들의 이야기를 나누는데 그 중 성 프랜시스의 이야기를 많이 했다. 프랜시스가 나병환자를 환자로서가 아니고 형제인 그리스도 신자로서 부르는 것은 상례였다. 프랜시스는 나병환자와 나란히 앉아 한 접시에서 식사를 했다고 한다.

하와이 국왕

1881년 하와이 국왕 칼라하우아가 세계 일주를 하는 동안, 헌법에 따라 그의 여동생 릴리우오칼라니 공주가 왕의 대행자격으로 하와이를 섭정하고 있었다. 개혁적인 그녀는 이미 널리 전해진 다미엔의 소문을 듣고 몰로카이를 방문했다. 그러나 너무도 가혹한 참상을 보고 다미엔의 행동에 감동되어 그에게 질문했다.

"어떻게 이런 곳에 살고 계십니까?"

다미엔은 "이 환자들은 제가 돌보아야 할 제 본당 신자들입니다" 라고 답하자 공주는 "그렇지요. 당신의 본당 신자들인 동시에 나의 국민들입니다"라고 말했다.

이 일을 계기로 몰로카이와 다미엔은 세상에 알려지기 시작했다. 너무도 아름답게 가꾸어진 몰로카이 섬, 섭정 공주가 이 놀라운 사실을 발표하며 다미엔을 칭송하자 신문은 앞을 다투어 다미엔을 소개했고 다미엔은 찬사의 대상이 되었다.

정부는 그에게 훈장을 수여했다. 다미엔은 이 세상 영광으로 저 세상 영광 감소되는 것을 우려했으나 그래도 단지 이 일로 세상 사람들의 관심이 환자에게 쏠리는 것을 기뻐했다. 그 후 어떤 방문객이 다미엔의 침실에서 먼지에 쌓인 훈장을 보고 소홀히 취급한다고 지적하니 "나는 그것이 탐나서 몰로카이에 온 것이 아닙니다."라고 대답했다.

거룩한 희생

1885년 어느 날 밤, 피곤한 몸을 풀기 위해 물을 데우다가 실수로 끓는 물을 발등에 쏟았는데 전혀 감각이 없었다. 감각의 상실, 그것은 확실한 나병의 증상이었다. 너무나 놀라 그

자리에 주저앉고 말았다.

갑자기 어머니 얼굴, 돌아가신 아버지, 어린 시절의 추억이 뇌리처럼 스치며 흉측하게 일그러진 자신의 모습이 눈앞에 연상되었다. 덴 자리의 아픔을 느끼지 못한 다음날 진찰결과 나병으로 판명되었다. 그의 나이 45세 때다. 앞으로 4-5년이 이 땅의 수명이다.

그는 나병환자들과 함께 같은 십자가에 못 박힌 느낌으로 저녁 미사를 집례 할 때, "우리 나병환자들은"이라는 표현을 사용하며 이전과 달리 실감나게 말하면서 죽기 전에 어서 더 많은 일을 하자고 하자 참석한 신도 모두가 울었다고 한다.

"형제들이여! 나도 여러분과 같이 나병에 걸렸습니다. 제가 여러분을 사랑하듯 하나님은 저와 여러분 모두를 사랑하십니다."

사실 그가 나병에 걸린 것은 이곳에 온 지 2-3년이 못 되어 침입했고, 1876년 당시 등과 팔, 허리에 까칠까칠한 부스럼이 생기고 그 자리에서 땀이 나지 않아 즉시 손을 써서 흔적은 없어졌으나 다시 1878년 부스럼은 누렇게 변해 갔다. 발은 확확 달아올랐다. 자리에 들기 전에 찬물에 담가야 했고 1881년에 이르러 왼쪽 발에 심한 통증이 오기 시작했고 점차 감각이 약해 갔다. 좌골신경과 엄지발가락 쪽의 통증은 언제나 심했고 무릎 뼈에 이상이 보이기 시작했다.

다미엔의 어머니는 1886년 중병으로 누워있을 때 아들의 나병 걸린 사실이 세상에 보도되어 알게 되었다고 한다.

“이마는 부풀어 오르고 눈썹은 빠지고 코는 뭉그러졌으며 귀는 솥뚜껑같이 되었고 목소리는 그렁그렁 쉬었고 살점은 부슬부슬 육체에서 떨어져 나가기 시작했다.”

신앙심 깊은 어머니였지만 타격이 너무 커서 그대로 눈을 감고 세상 떠났다고 한다.

두턴 수사

군인으로 명성 날리던 두턴은 결혼의 실패로 방황한다. 이후 과거를 잊고 수도생활로 보속하는 생활을 하다가 다미엔의 소식을 신문에서 보고 그의 오른팔이 되기로 결심하고 몰로카이로 왔다. 그를 다미엔의 옆으로 오게 한 배경은 한 편의 드라마 글이었다.

“한 사람은 팔이 없으나 다리가 있고 한 사람은 발이 없으나 손이 있었다. 불쌍한 이 두 사람은 서로 도와 일을 하는데 손 없는 사람은 손 있는 사람을 업고서, 손 있는 사람은 씨 뿌리고 발 있는 사람은 고랑 따라 내려간다.”는 내용의 글이었다.

이 글을 본 두턴은 급히 다미엔에게 갔다. 처음에 말쑥한 신사의 모습을 보고 의심한 다미엔은 제일 처참한 곳을 보여 주었는데 그때마다 동정의 눈물을 흘리는 두턴을 신뢰하게 되었다.

이제는 두턴이 있어서 안심하고 죽을 수 있다고 말했다. 두 사람은 진실하게 서로를 깊이 이해하고 사랑했다.

한 알의 밀알이 땅에 떨어져 죽으면 많은 열매 맺는다

1888년 그의 나이 48세, 다미엔의 죽음이 눈앞에 다가오게 되자 지원군이 많이 생겼다. 롬바르드 신부, 제임스 수사, 멜라스 신부, 많은 수녀들이 도착해서 함께 일하게 되었다. 또 후고는 거액의 기부금을 보냈고, 영국의 클리포드는 화가로서 현장을 기록하려고 왔다.

클리포드는 다미엔을 보고 그림을 그리는데 그것을 본 다미엔도 자신이 이렇게까지 흉측한 줄은 몰랐다고 했다. 그곳은 거울을 보는 것이 금지되어 있어서 자신의 모습을 볼 수 없기 때문이었다.

육체가 썩어 들어가는 1889년, 49번째 생일 맞는 해는 더욱 고통이 심해졌다. 그래서 유서를 작성하고 얼마 되지 않은 유물을 주교님께 맡긴 다음 "이것저것 모두 주님께 맡기고 나니 마음이 홀가분해졌다. 이제야말로 가진 것 하나 없이 가난의 덕을 지키게 되었소."라고 말했다. 그 섬에 와서 1600명 이상 매장시켜 주었던 다미엔도 1889년 4월 15일 8시 마침내 숨을 거두었다. 나병환자의 충실했던 벗 다미엔은 그들의 애도 속에 그렇게 조용히 갔다. 그리고 자신이 만든 '망자의 정원'에 수천 명의 나환자들과 함께 묻혔다. 그의 나이 49세였다.

그가 세상을 떠난 후 1893년에는 몰로카이 섬에 기념비가 세워졌고, 1894년에는 벨기에 루뱅에 있는 성 야고보 성당에 동상이 세워졌으며 유해는 1936년 벨기에 정부의 요청으로 몰로카이 섬에서 미국 샌프란시스코를 거쳐 조국 벨기에로 이장되었다. 샌프란시스코와 벨기에에는 그의 죽음을 애도하는 수많은 인파가 모이기도 했다.

몇 년 후 몰로카이 사람들은 사랑하는 다미엔 신부의 시신 일부를 요청했고 오른팔을 받게 되었는데, 그 오른팔은 그들이 신부를 배척할 때 그들을 어루만지고 위로해 주며 안아주었던 바로 그 손이었다. 또한 하와이 정부는 그를 애도하기 위해 기념비를 세우고 나병연구를 위한 '다미엔연구소'를 설립하고 나병실태 조사 위원회를 조직했다.

사랑의 화신 - 박애주의자 - 요셉 다미엔 신부!

그는 말로만 휴머니즘을 외치던 사람들의 환상적이고 위선적인 삶에 진정한 인도주의 정신을 가르쳐준 인류의 스승이었다. 수없이 많은 종교, 대형화하고 있는 기독교의 교회들, 그리고 종교에서 많은 혜택을 누리면서도 말로만 거룩한 척하는 성직자들이 활개 치는 요즘 세상에, 성직이란 화려한 것이 아니고 하느님과 일체된 삶이고 그 하나님은 바로 이웃과 함께 하고 있는 가장 착한 목자란 것을 일깨워준 사람이었다.

맞다 성직이란 신의 이름으로 살아가는 세속의 직업이 아니라 신의 성품, 즉 사랑을 표출해야 하는 거룩한 직업이다.

나병으로 인한 그의 일그러진 얼굴은 우리들의 도덕적 무관심을 일깨우는 준엄한 꾸짖음이며, 사랑과 자비, 자기희생의 영웅만이 받을 수 있는 - 하나님의 낙인(인침)이었다. 그의 생애는 말씀의 육화를 이룬 삶이었다.

성 프랜시스가 이태리의 수호신이요 정신적 영웅이라면 역시 다미엔도 벨기에의 정신적 영웅으로 받들어지고 있다. 그러면 오늘 대한민국의 정신적 영웅은 누구일까? 함께 고민해 보고 싶다.

미국 대통령을 감동시킨 편지 - 인디언 추장 시애틀

1854년 미국 대통령 피어스에 의해 파견된 백인 대표자들이 미국 서북부 지역 인디언들에게 땅을 팔라고 요구했습니다. 강제로 땅을 빼앗는 백인들에 대해서 여론이 악화되자 강제 합병 전에 먼저 평화적 매매를 제안한 것입니다.

물론 안 팔겠다고 한다면 내쫓기거나 죽임을 당해야 할 상황이었습니다. 그래서 당시 이 두아미쉬-수쿠아미쉬 지역에 살았던 인디언 부족의 추장 시애틀이 그에 대한 대답으로 이 편지를 보냈습니다.

피어스 대통령은 추장 시애틀의 편지에 감복한 나머지 훗날 도시를 건설하고 이 지역을 추장의 이름을 기념하기 위해 '시애틀'이라고 명명했습니다. 태평양 연안 미국 서부 지역 맨 위에 위치한, 워싱턴주의 주도州都인 이곳이 바로 오늘날의 '시애틀'입니다.

시애틀 추장의 편지는 미국독립 200주년을 기념한 '고문서비밀해제'로 120년 만에 햇빛을 보게 됩니다. 그리고 우리나라에선 〈녹색평론〉 통해 처음 알려졌습니다.

추장의 이 편지는 너무 감상적일지도 모르겠습니다. 하지만 서정적이고 아름답고 놀라운 통찰력 안에는 깊은 진리가 담겨 있습니다. 오랫동안 이어져온 인디언 특유의 직관과 자연으로부터 터득한 깊이 있는 성찰이 마디마디 배어납니다.

특별히 환경론자들에게는 정말 귀한 자료입니다. 이 글에서는 백인들의 죄악이 드러나고 원주민들의 순수함이 묻어납니다. 신앙을 고백하며 살아야 하는 우리에게는 깊은 울림으로 다가오고 있습니다. 창세기 서문처럼 느껴지는 연설문입니다.

또한 여기에는 무력에 의해서 인디언 보호구역으로 쫓겨 가는 원주민들의 애환이 묻어나고 있습니다. 하나님의 피조물이 사악한 영에 의해서 핍박받는 느낌을 지울 수가 없습니다. 함께 고민해 보자는 심정으로 여기 시애틀이 피어스에게 보낸 편지 원문을 소개합니다.

당신들은 그저 땅을 파헤치고 건물을 세우고 나무들을 쓰러뜨릴 뿐이다. 그래서 행복한가?

나와 함께 온, 지금 당신들 앞에 서 있는 한 무리의 이 사람들은 나의 부족이며 나는 그들의 추장이다. 우리는 왜 이곳에 왔는가? 연어 떼를 구경하기 위해서다. 올해의 첫 연어 떼가 강물로 거슬러 올라오는 것을 축하하기 위해 여기에 왔다.

연어는 우리의 주된 식량이기 때문에 연어 떼가 일찌감치 큰 무리를 지어 강의 위쪽으로 거슬러오는 걸 보는 일만큼 우리에게 즐거운 건 없다. 그 숫자를 보고서 우리는 다가오는 겨울에 식량이 풍부할 것인가를 미리 안다.

오늘 우리의 마음이 더없이 기쁜 까닭은 그 때문이다. 수를 헤아릴 수 없을 만큼 많은 연어 떼가 햇살에 반짝이며 춤추는 것을 우리는 우리의 눈으로 직접 보았다. 또 한 번의 행복한 겨울이 우리를 찾아올 것을 짐작한다.

우리가 무리를 이루어 몰려왔다고 해서 전투를 벌이려고 온 것으로 생각하지 말아 달라. 나는 당신들이 우리의 땅에 온 것을 기쁘게 여기고 있다. 당신들과 우리는 모두가 이 대지의 아들들이며, 어느 한 사람 뜻 없이 만들어진 사람이 없다.

하지만 한 가지 묻고 싶은 것이 있다. 당신들은 이 땅에 와서, 이 대지 위에 무엇을 세우고자 하는가? 어떤 꿈을 당신들의 아이들에게 들려주는가? 내가 보기에 당신들은 그저 땅을 파헤치고 건물을 세우고 나무들을 쓰러뜨릴 뿐이다. 그래서 행복한가? 연어 떼를 바라보며 다가올 겨울의 행복을 짐작하는 우리만큼 행복한 것인가?

공기의 신선함과 반짝이는 물을 어떻게 팔 수 있다는 말인가?

워싱턴의 대추장이 우리 땅을 사고 싶다는 전갈을 보내왔다. 우정과 선의의 말도 함께 보냈다. 그가 답례로 우리의 우의를 필요로 하지 않는다는 것을 잘 알고 있으므로 이는 그로서는 친절한 일이다.

그의 부족은 숫자가 많다. 그들은 초원을 뒤덮은 풀과 같다. 하지만 나의 부족은 적다. 마치 폭풍이 휩쓸고 간 다음에 드문드문 서 있는 들판의 나무들과 같다.

백인 대추장은 우리의 땅을 사고 싶다는 제의를 하며 우리에게는 아무런 불편 없이 살 수 있도록 하겠다고 덧붙였다. 우리는 그대들의 제안을 진지하게 고려해 볼 것이다. 우리가 땅을 팔지 않으면 백인이 총을 들고 와서 우리 땅을 빼앗을 것임을 우리는 잘 알고 있기 때문이다.

그대들은 어떻게 저 하늘이나 땅의 온기를 사고 팔 수 있는가? 우리로서는 이상한 생각이다. 공기의 신선함과 반짝이는 물을 우리가 소유하고 있지도 않은데 어떻게 그것들을 팔 수 있다는 말인가?

우리에게는 이 땅의 모든 부분이 거룩하다. 빛나는 솔잎, 모래 기슭, 어두운 숲속 안개, 맑게 노래하는 온갖 벌레들, 이 모두가 우리의 기억과 경험 속에서는 신성한 것들이다. 나무속에 흐르는 수액은 우리 홍인紅人의 기억을 실어 나른다.

백인은 죽어서 별들 사이를 거닐 적에 그들이 태어난 곳을 망각해 버리지만, 우리는 죽어서도 이 아름다운 땅을 결코 잊지 못하는 것은 이곳이 바로 우리 홍인의 어머니이기 때문이다. 우리는 땅의 한 부분이고 땅은 우리의 한 부분이다. 향기로운 꽃은 우리의 자매다. 사슴, 말, 큰 독수리, 이들은 우리의 형제들이다. 바위산 꼭대기, 풀의 수액, 조랑말과 인간의 체온 모두가 한 가족이다.

워싱턴 대추장이 우리 땅을 사고 싶다는 전갈을 보내온 것은 곧 우리의 거의 모든 것을 달라는 것과 같다. 대추장은 우리만 따로 편히 살 수 있도록 한 장소를 마련해 주겠다고 한다. 그는 우리의 아버지가 되고 우리는 그의 자식이 되는 것이다. 그러니 우리 땅을 사겠다는 그대들의 제안을 잘 고려해 보겠지만, 우리에게 있어 이 땅은 거룩한 것이기에 그것은 쉬운 일이 아니다.

개울과 강을 흐르는 이 반짝이는 물은 그저 물이 아니라 우리 조상들의 피다. 만약 우리가 이 땅을 팔 경우에는 이 땅이 거룩한 것이라는 걸 기억해 달라. 거룩할 뿐만 아니라 호수의 맑은 물속에 비추인 신령스러운 모습들 하나하나가 우리네 삶의 일들과 기억들을 이야기해 주고 있음을 아이들에게 가르쳐야 한다. 물결의 속삭임은 우리 아버지의 아버지가 내는 목소리이다. 강은 우리의 형제이고 우리의 갈증을 풀어준다. 카누를 날라주고 자식들을 길러준다.

만약 우리가 땅을 팔게 되면 저 강들이 우리와 그대들의 형제임을 잊지 말고 아이들에게 가르쳐야 한다. 그리고 이제부터는 형제에게 하듯 강에게도 친절을 베풀어야 할 것이다. 아침 햇살 앞에서 산 안개가 달아나듯이 홍인은 백인 앞에서 언제나 뒤로 물러났지만 우리 조상들의 유골은 신성한 것이고 그들의 무덤은 거룩한 땅이다. 그러니 이 언덕, 이 나무, 이 땅덩어리는 우리에게 신성한 것이다.

백인의 도시에는 조용한 곳이 없다

백인은 우리의 방식을 이해하지 못한다는 것을 우리는 알고 있다. 백인에게는 땅의 한 부분이 다른 부분과 똑같다. 그들은 한밤중에 와서 필요한 것을 빼앗아 가는 이방인이기 때문이다. 그들에게 땅은 형제가 아니라 적이며, 그것을 다 정복했을 때 그들은 또 다른 곳으로 나아간다.

백인은 거리낌 없이 아버지의 무덤을 내팽개치는가 하면 아이들에게서 땅을 빼앗고도 개의치 않는다. 그리고 아버지의 무덤과 아이들의 타고난 권리는 잊혀져버린다. 백인은 어머니인 대지와 형제인 저 하늘을 마치 양이나 목걸이처럼 사고 약탈하고 팔 수 있는 것처럼 상대한다. 백인의 식욕은 땅을 삼켜 버리고 오직 사막만을 남겨놓을 것이다.

모를 일이다. 우리의 방식은 그대들과는 다르다. 그대들의 도시 모습은 홍인의 눈에 고통을 줄 뿐이다. 백인의 도시에는 조용한 곳이 없다. 봄 잎새 날리는 소리나 벌레들의 날개 부딪치는 소리를 들을 곳이 없다. 홍인은 미개하고 무지하기 때문인지 모르지만 도시의 소음은 귀를 모욕하는 것만 같다. 쏙독새의 외로운 울음소리나 한밤중 연못가에서 들리는 개구리 소리를 들을 수가 없다면 삶에는 무엇이 남겠는가?

나는 홍인이라서 이해할 수가 없다. 인디언은 연못 위를 쏜살같이 달려가는 부드러운 바람소리와 한낮의 비에 씻긴 바람이 머금은 소나무 내음을 사랑한다. 만물이 숨결을 나누고 있으므로 공기는 홍인에게 소중한 것이다. 짐승들, 나무들, 그리고 인간은 같은 숨결을 나누고 산다. 백인은 자기가 숨 쉬는 공기를 느끼지 못하는 듯하다. 여러 날 동안 죽어가고 있는 사람처럼 그는 악취에 무감각하다.

내가 왜 우리 부족의 멸망을 슬퍼해야 하는가?

그러나 만약 우리가 그대들에게 땅을 팔게 되더라도 우리에게 공기가 소중하고, 또한 공기는 그것이 지탱해 주는 온갖 생명과 영기靈氣를 나누어 갖는다는 사실을 그대들은 기억해야만 한다. 우리의 할아버지에게 첫 숨결을 베풀어준 바람은 그의 마지막 한숨도 받아준다. 바람은 또한 우리의 아이들에게 생명의 기운을 준다. 우리가 우리 땅을 팔게 되더라도 그것을 잘 간수해서 백인들도 들꽃들로 향기로워진 바람을 맛볼 수 있는 신성한 곳으로 만들어야 한다.

우리는 우리의 땅을 사겠다는 그대들의 제의를 고려해 보겠다. 그러나 제의를 받아들일 경우 한 가지 조건이 있다. 즉 이 땅의 짐승들을 형제처럼 대해야 한다는 것이다. 나는 미개인이니 달리 생각할 길이 없다. 나는 초원에서 썩어가고 있는 수많은 물소를 본 일이 있는데 모두 달리는 기차에서 백인들이 총으로 쏘고는 그대로 내버려둔 것들이었다. 연기를 뿜어대는 철마가(우리가 오직 생존을 위해서 죽이는 물소보다) 어째서 더 중요한지를 모르는 것도 우리가 미개인이기 때문인지 모른다.

짐승들이 없는 세상에서 인간이란 무엇인가? 모든 짐승이 사라져버린다면 인간은 영혼의 외로움으로 죽게 될 것이다. 짐승들에게 일어난 일은 인간들에게도 일어나기 마련이다. 만물은 서로 맺어져 있다. 그대들이 온 이후로 모든 것이 사라졌다. 이제 삶은 끝났고 살아남는 일만이 시작되었다. 이 넓은 대지와 하늘은 삶을 살 때는 더없이 풍요로웠지만 살아남는 일에 있어서는 더없이 막막한 곳일 따름이다.

그대들은 아이들에게 그들이 딛고 선 땅이 우리 조상의 뼈라는 것을 가르쳐야 한다. 그들이 땅을 존경할 수 있도록 그 땅이 우리 종족의 삶들로 충만해 있다고 말해 주라. 우리가 우리 아이들에게 가르친 것을 그대들의 아이들에게도 가르치라. 땅은 우리 모두의 어머니라고. 땅 위에 닥친 일은 그 땅의 아들들에게도 닥칠 것이니 그들이 땅에다 침을 뱉으면 그것은 곧 자신에게 침을 뱉는 것과 같다.

땅이 인간에게 속한 것이 아니라 인간이 땅에 속한 것임을 우리는 알고 있다. 만물은 마치 한 가족을 맺어주는 피와도 같이 맺어져 있음을 우리는 알고 있다. 인간은 생명의 그물을 짜는 것이 아니라 다만 그 그물의 한 가닥에 불과하다. 그가 그 그물에 무슨 짓을 하든지 그것은 곧 자신에게 하는 짓이다.

그러나 우리는 우리 종족을 위해 그대들이 마련해준 곳으로 가라는 그대들의 제의를 고려해 보겠다. 우리는 떨어져서 평화롭게 살 것이다. 우리가 여생을 어디서 보낼 것인가는 중요하지 않다. 우리의 아이들은 그들의 아버지가 패배의 굴욕을 당하는 모습을 보았다. 우리의 전사들은 수치심에 사로잡혔으며 패배한 이후로 헛되이 나날을 보내면서 단 음식과 독한 술로 그들의 육신을 더럽히고 있다.

우리가 어디서 우리의 나머지 나날을 보낼 것인가는 중요하지 않다. 그리 많은 날이 남아 있지도 않다. 몇 시간, 혹은 몇 번의 겨울이 더 지나가면(언제가 이 땅에 살았거나 숲 속에서 조그맣게 무리를 지어 지금도 살고 있는) 위대한 부족의 자식들 중에 그 누구도 살아남아서 한때 그대들만큼이나 힘세고 희망에 넘쳤던 사람들의 무덤을 슬퍼해 줄 수도 없을 것이다.

그러나 내가 왜 우리 부족의 멸망을 슬퍼해야 하는가? 부족이란 인간들로 이루어져 있을 뿐 그 이상은 아니다. 인간들은 바다의 파도처럼 왔다가는 간다. 자기네 하나님과 친구처럼 함께 걷고 이야기하는 백인들조차도 이 공통된 운명에서 벗어날 수는 없다.

그대들의 아이들을 위해 이 땅을 지키고 사랑해 달라

백인들 또한 언젠가는 알게 되겠지만 우리가 알고 있는 한 가지는 우리 모두의 하나님은 하나라는 것이다. 그대들은 땅을 소유하고 싶어 하듯 하느님을 소유하고 있다고 생각하는지 모르지만 그것은 불가능한 일이다. 하느님은 인간의 하느님이며 그의 자비로움은 홍인에게나 백인에게나 똑같은 것이다.

이 땅은 하느님에게 소중한 것이므로 땅을 해치는 것은 그 창조주에 대한 모욕이다. 백인들도 마찬가지로 사라져갈 것이다. 어쩌면 다른 종족보다 더 빨리 사라질지 모른다. 계속해서 그대들의 잠자리를 더럽힌다면 어느 날 밤 그대들은 쓰레기더미 속에서 숨이 막혀 죽을 것이다.

그러나 그대들이 멸망할 때(그대들을 이 땅에 보내주고 어떤 특별한 목적으로 그대들에게 이 땅과 홍인을 지배할 권한을 허락해 준) 하느님에 의해 그대들은 불태워져 환하게 빛날 것이다. 이것은 우리에게는 불가사의한 신비이다.

언제 물소들이 모두 살육되고 야생마가 길들여지고 은밀한 숲 구석구석이 수많은 인간들의 냄새로 가득차고 무르익은 언덕이 '말하는 쇠줄"(電話線)로 더럽혀질 것인지를 우리가 모르기 때문이다. 덤불은 어디에 있는가? 사라지고 말았다. 독수리는 어디에 있는가? 사라지고 말았다. 날랜 조랑말과 사냥에 작별을 고하는 것은 무엇을 의미하는가? 삶의 끝이자 죽음의 시작이다.

우리 땅을 사겠다는 그대들의 제의를 고려해 보겠다. 우리가 거기에 동의한다면 그대들이 약속한 보호구역을 가질 수 있을 것이다. 아마도 거기에서 우리는 얼마 남지 않은 날들을 마치게 될 것이다. 마지막 홍인이 이 땅에서 사라지고 그가 다만 (초원을 가로질러 흐르는 구름의 그림자처럼) 희미하게 기억될 때라도 기슭과 숲들은 여전히 내 백성의 영혼을 간직하고 있을 것이다. 새로 태어난 아이가 어머니의 심장의 고동을 사랑하듯이 그들이 이 땅을 사랑하기 때문이다.

그러므로 우리가 땅을 팔더라도 우리가 사랑했듯이 이 땅을 사랑해 달라. 우리가 돌본 것처럼 이 땅을 돌보아 달라. 당신들이 이 땅을 차지하게 될 때 이 땅의 기억을 지금처럼 마음속에 간직해 달라. 온힘을 다해서, 온 마음을 다해서 그대들의 아이들을 위해 이 땅을 지키고 사랑해 달라. 하느님이 우리 모두를 사랑하듯이.

한 가지 우리는 알고 있다. 우리 모두의 하느님은 하나라는 것을. 이 땅은 그에게 소중한 것이다. 백인들도 이 공통된 운명에서 벗어날 수는 없다. 결국 우리는 한 형제임을 알게 되리라.

연어 떼를 보았으니 이제 나와 나의 부족은 행복한 얼굴로 돌아간다. 어쩌면 또 한 번의 행복한 겨울은 짐작에 그칠 뿐 나의 부족에게 다시는 찾아오지 않을 꿈인지도 모른다. 당신들 백인들에게 밀려(살아남기 위해 고통 받아야 할) 막막한 겨울 들판으로 뿔뿔이 떠나야 할지 모른다. 그러나 오늘 우리의 눈으로 직접 본 연어 떼의 반짝이는 춤을 나의 부족은 잊지 못할 것이다. 이것으로 내 말을 마친다.

마르틴 루터 킹 목사의 명 설교

“I have a dream.” (August 28, 1963)

마르틴 루터 킹 Jr.(1929-1968)

흑인 민권 운동 지도자. 조지아주 출생. 모어하우스대 졸업. 흑인 인권 옹호를 위한 비非폭력운동 전개. 64년 노벨 평화상 수상. 68년 멤피스에서 암살당함.

연설의 배경

1963년 8월 28일 노예 해방 100주년을 맞아 워싱턴에서 열린 평화행진에 참가했던 미국의 흑인 인권 운동가 마르틴 루터 킹은 이날 미국의 흑인 인권 운동사에 길이 남을 의미 있는 연설을 했다.

'나에게는 꿈이 있습니다.'라는 구절로 유명한 이 연설은 미국인들에게 인종차별 문제의 심각성을 일깨우는 중요한 역할을 했고, 미국 인권운동의 발전을 앞당기는 데 가장 크게 공헌했다는 평을 받는다.

마르틴 루터 킹은 청중에 따라 연설의 내용을 조정하고, 청중들의 반응에 기민하게 부응할 줄 아는 능력을 가진 타고난 연설가였다. 이 날의 연설 역시, 그 특유의 호소력과 설득력이 가장 잘 나타난 훌륭한 연설이었다. 마르틴 루터 킹은 1964년 노벨 평화상을 수상했고, 1968년 암살되었다.

연설 내용

우리 역사에서 자유를 위한 가장 훌륭한 시위가 있던 날로 기록될 오늘 이 자리에 여러분과 함께하게 된 것을 기쁘게 생각합니다.

백 년 전, 한 위대한 미국인이 노예해방령에 사인을 했습니다. 지금 우리가 서 있는 이곳이 바로 그 상징적인 자리입니다.

그 중대한 선언은 불의不義의 불길에 시들어가고 있던 수백만 흑인 노예들에게 희망의 횃불로 다가왔습니다. 그 선언은 오랜 노예생활에 종지부를 찍는 즐겁고 새로운 날들의 시작으로 다가왔습니다.

그러나 그로부터 백년이 지난 오늘, 우리는 흑인들이 여전히 자유롭지 못하다는 비극적인 사실을 직시해야 합니다. 흑인들은 여전히 인종차별이라는 속박과 굴레 속에서 비참하고 불우하게 살아가고 있습니다.

흑인들은 이 거대한 물질적 풍요의 바다 한가운데 있는 빈곤의 섬에서 외롭게 살아가고 있습니다. 흑인들은 여전히 미국 사회의 한 귀퉁이에서 고달프게 살아가고 있습니다. 그들은 자기 땅에서 유배당한 것입니다. 그래서 우리는 오늘, 이 끔찍한 현실을 알리기 위해 이 자리에 나온 것입니다.

어떤 의미에서 우리는, 국가로부터 받은 수표를 현금으로 바꿔야 할 시기에 온 것입니다. 미국을 건국한 사람들은, 헌법과 독립선언서에 훌륭한 표현들을 써 넣었습니다. 그들은 모든 미국인들이 상속하게 되어 있는 약속어음에 사인을 했습니다. 그 약속어음이란 모든 인간에게 삶과 자유, 행복 추구라는 양도할 수 없는 권리를 보장한다는 약속이었습니다.

그러나 오늘날 미국이 시민들의 피부색에 관한한 이 약속어음이 보장하는 바를 제대로 이행하지 않고 있다는 것은 분명한 사실입니다.

미국은 이 신성한 의무를 존중하지 않고, 흑인들에게 부도수표를 주었습니다. 이 부도수표는 자금이 충분하지 않다는 이유로 되돌아옵니다.

그러나 우리는 정의의 은행이 파산했다고 생각하지 않습니다. 우리는 이 나라에 있는 기회의 금고에 자본이 충분치 않다는 사실을 믿지 않습니다. 그래서 우리는 이제 이 수표를 현금으로 바꿔야 할 때에 다다른 것입니다. 이 수표는 우리가 요구하는 바에 따라 충분한 자유와 정의에 의한 보호를 우리에게 줄 것입니다.

또한 우리는 '바로 지금'이라고 하는 이 순간의 긴박성을 미국인들에게 일깨우기 위해 이 자리에 모였습니다. 우선 냉정을 되찾으라는 사치스러운 말을 들을 여유도, 점진주의라는 이름의 진정제를 먹을 시간도 없습니다. 지금 이 순간이 바로 민주주의의 약속을 실현할 때입니다. 지금이 바로 어둡고 외진 인종차별의 계곡에서 벗어나 햇살 환히 비취는 인종간의 정의의 길에 들어설 때입니다.

지금이 바로 신神의 모든 자손들에게 기회의 문을 열어줄 때입니다. 지금이 바로 '인종간의 불의不義'라는 모래 위에서 '형제애'라는 단단한 바위 위로 올라서야 할 때입니다.

지금 이 순간의 긴박성을 간과하고, 흑인들의 결의를 과소평가한다면, 그것은 이 나라에 치명적인 일이 될 것입니다. 흑인들의 정당한 불만이 표출되는 이 무더운 여름은 자유와 평등의 상쾌한 바람이 부는 가을이 찾아올 때까지 계속될 것입니다.

1963년은 끝이 아니라 시작입니다. 만일 이 나라가 다시 예전 상태로 돌아간다면, 흑인들이 좀 진정을 하고 자족自足해야 할 필요가 있다고 생각하는 사람들은 거친 방식으로 깨달음을 얻게 될 것입니다.

흑인들이 시민으로서의 권리를 부여받기 전에는 미국에 휴식도 평온도 없을 것입니다. 정의가 실현되는 밝은 날들이 오기 전까지는 이 나라의 기반을 뒤흔드는 폭동의 소용돌이가 계속될 것입니다.

정의의 궁전으로 이르는 출발점에 선 여러분들에게 꼭 드리고 싶은 이야기가 하나 있습니다. 우리가 정당한 위치를 찾을 때까지, 나쁜 행동으로 인해 죄인이 되어서는 안 되겠다는 점입니다. 비탄과 증오로 가득 찬 술잔을 들이켜는 것으로 자유를 향한 갈증을 달래려 하지 맙시다.

위엄과 원칙이 있는 높은 곳을 향한 투쟁을 영원히 계속해야 합니다. 우리는 우리의 창의적인 항거가 폭력으로 변질되게 해서는 안 됩니다. 다시, 또다시, 우리의 힘, 이 영혼의 힘과 맞닿을 수 있는 저 높은 곳까지 올라가야 합니다. 우리 흑인 사회를 휩쓸고 있는 저 새롭고도 훌륭한 투쟁정신이 백인들의 불신을 받는 데로 이어지지 않게 해야 합니다.

오늘 이 자리에 서 있는 백인들이 증명하듯이, 우리의 많은 백인 동지들은 그들의 운명이 우리의 운명과 이어져 있으며, 그들의 자유가 우리의 자유와 떼려야 뗄 수 없는 관계임을 깨닫고 있습니다. 우리 혼자서만 걸어갈 수는 없습니다.

이제 우리는, 앞으로 나아가면서, 더 전진해야 한다는 맹세를 해야 합니다. 되돌아갈 수는 없습니다. 인권운동가들에게 '언제가 되면 만족하겠느냐'고 묻는 사람들이 있습니다.

흑인들이 경찰의 무지막지한 폭력의 공포에 희생되고 있는 한 우리에게 만족이란 없습니다. 흑인들이 여행하다가 피곤에 지쳤을 때 고속도로 근처의 여관이나 시내의 호텔에 잠자리를 얻을 수 없는 한은 우리는 만족할 수 없습니다. 흑인이 이주한다고 해야 고작 작은 흑인 거주지에서 더 큰 흑인 거주지로 가는 것이 전부일 때, 우리는 만족하지 못합니다.

미시시피의 흑인들이 투표권을 행사하지 못하고, 뉴욕의 흑인들이 마땅히 투표해야 할 이유를 찾지 못하는 한 우리는 만족할 수 없습니다. 안됩니다. 안됩니다. 우리는 만족하지 않습니다. 정의가 강물처럼 흐르고, 정당성이 힘찬 흐름이 될 때까지 우리는 만족할 수 없습니다.

저는 여러분들 중 어떤 사람이 재판을 받다가 여기 오게 되었다는 것에 신경을 쓰지 않는 것은 아닙니다. 좁은 감옥에서 나온 지 얼마 안 되는 사람들도 있습니다. 어떤 사람들은 자유를 추구하다가 도리어 기소되어 두들겨 맞거나, 경찰의 야만스런 폭력에 고통 받는 지역에서 오기도 했습니다.

여러분들은 모두 그 새로운 방식으로 다가오는 갖가지 고통을 겪는 데는 베테랑들입니다. 그런 고생들이 명예를 회복하는 것이라는 신념으로 계속 일하십시오.

미시시피로 돌아가십시오. 앨라배마로, 사우스캐롤라이나로, 조지아로, 루이지애나로 돌아가십시오. 우리들의 현대적인 도시인 빈민가로, 흑인 거주지로 돌아가십시오. 상황이 달라질 수도 있고, 달라질 것이라는 점을 명심하고 계십시오. 이제 절망의 계곡에서 뒹굴지는 맙시다.

나의 친구인 여러분들에게 말씀드립니다. '고난과 좌절의 순간에도 저는 꿈을 가지고 있다'고. 이 꿈은 아메리칸 드림에 깊이 뿌리를 내리고 있는 꿈입니다.

저에게는 꿈이 있습니다. 언젠가 이 나라가 모든 인간은 평등하게 태어났다는 것을 자명한 진실로 받아들이고, 그 진정한 의미를 신조로 살아가게 되는 날이 오리라는 꿈입니다.

언젠가는 조지아의 붉은 언덕 위에 예전에 노예였던 부모의 자식과 그 노예의 주인이었던 부모의 자식들이 형제애의 식탁에 함께 둘러앉는 날이 오리라는 꿈입니다.

언젠가는 불의와 억압의 열기에 신음하던 저 황폐한 미시시피주가 자유와 평등의 오아시스가 될 것이라는 꿈입니다. 나의 네 자녀들이 피부색이 아니라 인격에 따라 평가받는 그런 나라에 살게 되는 날이 오리라는 꿈입니다.

오늘 저에게는 꿈이 있습니다. 주지사가 늘 연방정부의 조처에 반대할 수 있다느니, 연방법의 실시를 거부한다느니 하는 말만 하는 앨리배마주가 변하여, 흑인 소년소녀들이 백인 소년소녀들과 손을 잡고 형제자매처럼 함께 걸어갈 수 있는 상황이 되는 꿈입니다.

오늘 저에게는 꿈이 있습니다. 어느 날 모든 계곡이 높이 솟아오르고, 모든 언덕과 산은 낮아지고, 거친 곳은 평평해지고, 굽은 곳은 곧게 펴지고, 하느님의 영광이 나타나 모든 사람들이 함께 그 광경을 지켜보는 꿈입니다.

이것이 우리의 희망입니다. 이것이 제가 남부로 돌아갈 때 가지고 가는 신념입니다. 이런 신념을 가지고 있으면 우리는 절망의 산을 개척하여 희망의 돌을 찾아낼 수 있을 것입니다. 이런 희망을 가지고 있으면 우리는 이 나라의 소란스러운 이 불협화음을 형제애로 가득 찬 아름다운 음악으로 변화시킬 수 있을 것입니다. 이런 신념이 있으면 우리는 함께 일하고 함께 기도하며 함께 투쟁하고 함께 감옥에 가며 함께 자유를 위해 싸울 수 있을 것입니다.

우리가 언젠가 자유로워지리라는 것을 알기 때문입니다. 그

날은 하나님의 모든 자식들이 새로운 의미로 노래 부를 수 있는 날이 될 것입니다.

"나의 조국은 자유의 땅, 나의 부모가 살다 죽은 땅, 개척자들의 자부심이 있는 땅, 모든 산에서 자유가 노래하게 하라"

미국이 위대한 국가가 되려면 이것은 반드시 실현되어야 합니다. 그래서 자유가 뉴햄프셔의 거대한 언덕에서 울려 퍼지게 합시다. 자유가 뉴욕의 큰 산에서 울려 퍼지게 합시다.

자유가 펜실베이니아의 앨러게니 산맥에서 울려 퍼지게 합시다. 콜로라도의 눈 덮인 로키산맥에서도 자유가 울려 퍼지게 합시다. 캘리포니아의 굽이진 산에서도 자유가 울려 퍼지게 합시다.

뿐만 아니라 조지아의 스톤 산에서도 자유가 울려 퍼지게 합시다. 테네시의 룩 아웃 산에서도 자유가 울려 퍼지게 합시다. 미시시피의 모든 언덕에서도 자유가 울려 퍼지게 합시다.

모든 산으로부터 자유가 울려 퍼지게 합시다. 자유가 울려 퍼질 때, 모든 마을, 모든 부락, 모든 주와 도시에서 자유가 울려 퍼지게 될 때, 우리는 더 빨리 그 날을 향해 갈 수 있을 것입니다. 신의 모든 자손들, 흑인과 백인, 유태인과 이교도들, 개신교도와 가톨릭교도들이 손에 손을 잡고 옛 흑인 영가를 함께 부르는 그 날을 말입니다.

"드디어 자유, 드디어 자유, 전지전능하신 신이여, 우리가 마침 자유로워졌나이다."

그리고 나는 오늘 오후 남부로 돌아가지만 절망에 빠진 채 가는 것은 아닙니다. 나는 남부로 돌아가지만 우리가 탈출구가 전혀 없는 컴컴한 지하 감옥 속에 갇혀 있다고는 생각하지 않습니다. 나는 새로운 날이 오고 있다는 믿음을 가지고 돌아갑니다.

나는 지금 꿈을 가지고 있습니다. 그것은 아메리칸 드림에 깊이 뿌리를 둔 꿈입니다.

나는 지금 꿈을 가지고 있습니다. 어느 날, 조지아에서 미시시피와 앨라배마에 이르기까지 옛날 노예의 아들들이 옛날 노예 주인의 아들들과 함께 형제처럼 살게 되는 꿈입니다.

나는 지금 꿈을 가지고 있습니다. 어느 날, 백인 어린이가 흑인 어린이와 형제와 자매처럼 손을 잡게 되는 꿈입니다.

나는 지금 꿈을 가지고 있습니다. 어느 날, 단순히 자유를 얻기 위해서 집이나 교회에 불을 지르는 일이 없게 되는 꿈입니다.

나는 지금 꿈을 가지고 있습니다. 이마티오가 당해야 했던, 매그루더가 당해야 했던 잔학행위가 없어지고, 모든 사람이 품위 있게 살 수 있는 날이 오는 꿈입니다.

나는 지금 꿈을 가지고 있습니다. 어느 날, 나의 네 아이가 내가 겪어야 했던 젊은 시절과 같은 것을 겪지 않고, 또 그들이 피부색깔 대신 인격을 기준으로 평가를 하고 평가를 받게 되는 꿈입니다.

나는 지금 꿈을 가지고 있습니다. 어느 날, 이곳 워싱턴市의 흑인들이 돈만 있으면 어느 곳에서든지 집을 사거나 세를 들고 집을 가질 수 있게 되는 꿈입니다.

그렇습니다. 나는 지금 꿈을 가지고 있습니다. 어느 날, 이 땅에서 아모스의 예언이 실현되고, 정의가 강물처럼 흘러내리며, 진리가 거대한 분류처럼 흐르게 되는 꿈입니다.

나는 지금 꿈을 가지고 있습니다. 어느 날, 모든 사람은 평등하게 태어났고, 창조주로부터 생명, 자유, 행복추구 등 양도할 수 없는 권리를 받았다는 제퍼슨의 말을 인정하게 되는 꿈입니다.

나는 지금 꿈을 가지고 있습니다. 어느 날 모든 산골짜기가 솟아오르고, 모든 언덕과 산이 주저앉으며, 거친 곳이 평탄해지고, 굽어진 곳이 곧게 펴지며, 주의 영광이 나타나 모든 인간이 함께 그것을 볼 수 있는 날이 오는 꿈입니다.

나는 지금 꿈을 가지고 있습니다. 인간이 모두 형제가 되는 꿈입니다. 나는 이런 신념을 가지고 나서서 절망의 산에다 희망의 터널을 뚫겠습니다. 나는 이런 신념을 가지고 여러분과 함께 나서서 어둠의 어제를 광명의 내일로 바꾸겠습니다.

우리는 이런 신념을 가지고 새로운 날을 만들어낼 수 있습니다. 하나님의 모든 아이들이 흑인이건 백인이건, 유태인이건 비非유태인이건, 개신교도이건 가톨릭교도이건, 손을 잡고, '자유가 왔다! 자유가 왔다! 하나님 감사합니다!'하고 흑인영가를 부를 수 있는 날을 만들 수 있습니다.

****

* 이 설교는 흑인목사 '아치볼드 케어리'가 1950년대에 한 연설을 킹 목사가 케어리의 허락을 받고 1963년 워싱턴대행진 집회 시 행한 설교다.

* 그는 1968년 멤피스에서 암살당했다. 사람들은 그가 암살된 호텔 밖에 기념비를 세우고 요셉에 관한 창세기 말씀을 비문에 새겨놓았다.

"서로 이르되 꿈꾸는 자가 오는도다. 자, 그를 죽여 한 구덩이에 던지고 우리가 말하기를 악한 짐승이 그를 잡아먹었다 하자. 그 꿈이 어떻게 되는 것을 우리가 볼 것이니라 하는지라."
(창세기 37장 19-20절)

킹 목사는 가고 없으나 그의 꿈은 이루어지고 있다. 버락 오바마 흑인 대통령이 배출되기까지 한 것이다. 꿈은 위대하다.

마사다의 최후 - 마지막 눈물의 연설

"내일이면 끝이다. 아내와 자식들을 적의 손에서 구하자."

사내들이 가족과 포옹한 후 칼을 들었다. 회의장에 다시 모인 전사들은 제비를 뽑았다. 뽑힌 사람 10명을 제외한 나머지는 집으로 돌아가 자기 손으로 처자식을 죽이고는 가만히 옆에 누웠다. 제비를 뽑은 10명은 성안을 돌며 전우의 목숨을 거두었다. 남은 10명은 또 제비를 뽑아 똑같은 방식의 죽음을 택했다. 마지막 남은 한 사람은 스스로를 찔렀다.

서기 73년 5월 2일 밤, 사해 부근 마사다 요새에서 일어난 일이다. 다음 날 아침 로마군에게 떨어진 요새에는 960구의 시체만 남았을 뿐이다. 마사다 함락으로 66년부터 시작된 1차 유대전쟁도 끝났다.

이 전쟁에 동원된 로마군은 8만여 명. 로마가 치렀던 어떤 전쟁보다 많은 병력이 투입되었다. 유대전쟁에서 이긴 로마는 반란의 싹을 잘랐다며 개선문을 세우고 기념주화까지 만들었지만 저항은 113년과 133년의 2,3차 유대전쟁으로 이어졌다. 마사다의 항전이 가슴속에 살아 있었기 때문이다.

로마와의 세 차례 전쟁 이후 전 세계에 강제로 흩어진 유대인이 끝내 민족의 정체성과 언어를 지켜낸 것도 입에서 입으로 전해진 마사다 전설의 힘이다. 마사다는 탈무드, 선민의식과 함께 이스라엘을 이끄는 3대 정신적 동력원으로 지금도 작동중이다.

요즘도 마사다에는 사람의 발길이 끊이지 않는다. 이스라엘 각급 군사학교 졸업생들은 훈련의 마지막 코스인 마사다 요새에서 '마사다를 기억하자'고 외친다. 어디 군인뿐이랴. 유대인들이 노벨상을 휩쓸고 세계 경제를 좌우하는 데는 이유가 있다.

'무엇보다 중요한 것은 인간의 정신이다. 조상의 수모를 잊지 마라. 역사를 망각하는 민족에게 내일은 없다.'

마사다

마사다는 히브리어로 '요새'라는 뜻이며, 사해의 서쪽 약 4 Km 지점에 위치하고 있다. 주위의 유대 광야의 산들과는 고립된, 높이 434m의 이 천혜의 절벽 요새는 정상이 길이 620m, 가장 넓은 곳의 폭이 250m, 평균 120m인 평지를 이루고 있다.

서기 1세기의 유대인 역사가 요세푸스(Josephus)는 그의 저서 〈유대 전쟁사(The Jewish War)〉를 통하여 마사다에 대한 아주 상세한 기록을 남겼다. 그는 서기 66년 유대인들이 로마제국의 통치로부터 벗어나려 반란을 일으켰을 때 갈릴리 지방의 유대군 지휘관이었으나 나중에 로마군에 넘어간 사람이다. 그는 비록 조국에 등을 돌렸지만 어느 역사책에도 나와 있지 않은 마사다 전투를 기록으로 남겼다. 요세푸스는 마음을 움직이는 글로, 마사다에서 유대인들이 로마군과 맞서 싸우다 죽어간 서기 73년의 어느 봄날의 일을 다음과 같이 전하고 있다.

마사다 최후의 날

이 바위산을 처음 요새화한 이는 대제사장 요나단(Jonathan:주전160~143)이었다. 그 후 유대왕 헤롯(Herodes)이 주전 35년에 여기에 왕궁을 짓고 성벽을 둘러 난공불락의 요새로 만들었다. 그 무렵 이집트의 여왕 클레오파트라는 로마 집정관 안토니우스에게 유대 왕국을 그녀에게 달라고 졸라대고 있었다.

로마에 기대고 있던 헤롯은 유대인의 반란과 로마의 배신을 두려워하여 마사다를 유사시의 피난처로 만들었던 것이다.

헤롯이 죽은 뒤, 서기 66년 유대전쟁이 일어나고, 이 전쟁이 로마의 월등한 군사력으로 서기 70년 예루살렘의 함락과 더불어 성전의 파괴로 끝을 맺게 되자 이에 굴복하지 않은 960여 명의 '열심당원'이라 불리는 극우파 민족주의자들은 이미 66년에 당시 소수의 로마 군인들이 지키고 있던 마사다를 점령하며 저장된 물과 식량, 무기를 이용하여 로마에 대항하였다.

마사다에는 엄청난 옥수수와 콩, 대추야자가 쌓여 있었고, 포도주와 기름도 넉넉했다. 과일들은 신선했고 잘 익어 있었다. 그것들은 모두 메마른 날씨와 먼지가 섞이지 않은 공기 덕분에 100년이 넘도록 썩지 않고 잘 갈무리되어 있었다. 헤롯왕이 만든 물탱크에는 물이 가득했으며 무기도 1만 명이 오랫동안 버틸 수 있을 만큼 마련되어 있었다.

사막과 다름없는 들판을 건너오기에 지친 로마군은, 가파른 벼랑 위에서 내려다보며 활을 쏘아대는 반란군을 이길 수가 없었다. 게다가 성안에는 식량과 무기가 얼마든지 있었으므로, 마사다야말로 열심당원들이 로마군과 맞서 싸우기에는 더할 나위없는 요새였다.

마사다에 모여든 유대인은 여자와 어린아이까지 합쳐 960여 명. 로마제국으로 볼 때는 한줌에 지나지 않는 수였다. 그러나 로마 황제는 이들을 쳐부수도록 엄명을 내렸다. 마사다는 끊임

없이 로마군 진지를 습격하는 게릴라 기지로 쓰였으며, 그것은 꺼져가는 반란의 불길을 또다시 타오르게 할 염려가 있었다.

또한 로마의 총사령관 티투스(Titus)는 장차 아라비아 광야 지역으로의 진출을 예상한 광야 전투의 훈련을 목적으로, 서기 72년 실바(Silva) 장군으로 하여금 10군단을 이끌고 이곳에 대한 대규모의 포위 작전을 실시하게 하였다.

그는 9천 명에 가까운 군대와 함께 6천이 넘는 유대인 전쟁 포로들을 일꾼으로 이끌고 왔다. 실바는 마사다를 빙 둘러 벽을 쌓고 곳곳에 망루를 세웠다. 그러나 반란군은 무기와 식량이 넉넉했으므로 아무리 오래 포위하고 있어 보았자 지치는 쪽은 로마군이었다. 로마군은 먼데서 물을 길어 왔고, 보급품도 유대광야 너머에서 날라 와야 했다.

실바는 무더운 여름이 오기 전에 공격하기로 했다. 마사다 서쪽 벼랑에는 희고 넓은 바위가 툭 튀어 나와 있었다. 실바는 '흰 곳'이라고도 하는 그 바위까지 흙과 돌을 다져 비탈을 쌓도록 했다. 비탈 길이는 200m로 꼭대기가 마사다 성벽보다 겨우 20m 아래였다.

로마군은 비탈 위로 공성탑을 만들어 올렸다. 철판을 두른 이 탑에서 로마군이 활을 쏘며 엄호하는 사이 다른 병사들이 공성퇴(Battening Ram)를 끌어 올렸다. 세계를 정복한 로마군의 공성퇴는 무서웠다. 공성퇴에서 날아간 20kg이 넘는 돌들은 끝내 마사다의 성벽을 무너뜨리고 말았다. 유대인들은 서둘러 무너진 성벽에 또 다른 벽을 쌓았다. 그들은 나무 대들보들을 두 겹으로 구불구불 쌓고 그 안에 흙을 넣어 돌이 날아와도 무너지지 않도록 했다. 그러자 실바는 '미사일 공격'으로 바꿨다. 불화살이 유성처럼 날아가 박히자 나무 벽은 순식간에 불길에 휩싸이고 말았다.

실바는 기쁨에 넘쳐 그의 진지로 물러났다. 그는 다음날 아침 구름다리를 놓고 성안으로 쳐들어가기로 했다. 로마 병정들은 유대인들이 한 명이라도 도망치지 못하도록 밤새 물샐틈없이 지켰다. 그날 밤 유대인들의 지도자 엘리에제르 벤 야이르(Eliezer ben Yair)는 남자들을 모두 한 군데 불러 모았다.

"날이 밝으면 마사다는 무너질 것이다."

그는 비장하게 마지막 연설을 했다.

야이르의 마지막 연설

"형제들이여, 우리는 로마와 맞서 싸운 마지막 용사들이다. 어둠이 물러가면 우리는 저들의 포로가 될 것이다. 그러나 지금 이 순간은 자유로우므로 부끄럽지 않게 죽을 기회가 있다. 그것은 우리 아내와 자식들이 치욕을 당하고 노예로 끌려가기 전에 그들을 우리 손으로 죽이고 우리 스스로 목숨을 끊는 일이다. 자! 노예가 되기보다 자유란 이름의 수의壽衣를 입자."

벤 야이르의 말이 다 끝나자 어떤 이들은 기꺼이 그 말을 따르려 했지만, 마음 약한 사람들은 아내와 자식을 생각하며 눈물을 글썽였다. 벤 야이르는 그들을 엄하게 꾸짖었다.

"부끄럽지도 않소? 우리의 죽음은 하나님의 뜻에 따르는 길이요. 우리가 여기 모여 로마군에 맞선 뒤로 그들은 죄 없는 유대인들을 닥치는 대로 죽였소. 다메섹에서는 일만 팔천 명이 처자식과 함께 목이 잘렸고, 애급에서는 육만 명이 죽었소. 우리는 험준한 요새와 넉넉한 식량을 가지고도 이 싸움에 졌소. 지금 로마군은 우리를 살려 주겠다고 꼬이고 있지만 그들은 우리가 죽기를 바라지 않소. 우리를 사로잡아 노예로 부리고, 우리 앞에서 성경을 찢으며 승리를 노래하고 싶어 하오. 우리는 용기로써 로마에 반란을 일으켰소. 아직도 우리 손은 자유롭고 이 손에는 칼이 쥐어져 있소. 우리가 처음에 가졌던 그 용기로 부끄럽지 않은 죽음을 맞읍시다. 우리들의 비겁한 패배가 저들의 승리를 더욱 영광스럽게 해서는 안 되오. 그들로 하여금 우리의 죽음에 경탄하도록 합시다. 우리는 성을 불 질러 로마인들이 아무것도 가질 수 없게 해야 하오. 그러나 식량 창고 한두 군데는 남겨 놓으시오. 우리가 먹을 것이 떨어져 죽었다고 보여서는 안 되오."

남자들은 경건한 얼굴로 흩어져 갔다. 그들은 집으로 돌아가 아내를 부드럽게 껴안고 아이들을 감싸고 눈물이 그득한 채 긴긴 입맞춤을 했다. 그리고 아내와 아이들을 그들의 손으로 죽였다. 남자들은 다시 한곳에 모였다. 제비를 뽑아 열 사람을 가려내고, 그들로 하여금 나머지 사람들을 죽여 가족들의 주검 옆에 눕혔다. 열 사람은 다시 제비를 뽑아 한 사람을 골랐다. 그 마지막 한 사람이 나머지 아홉 사람을 죽였다. 마지막 남은 그는 주검을 둘러보았다. 모두 숨이 끊어진 것을 보고 성안에 불을 놓았다. 그는 이윽고 자신의 몸에 깊숙이 칼을 찔렀다. 서기 73년 4월 15일 저녁, 죽은 사람은 모두 960명이었다.

다음날 아침 로마군은 단단히 무장을 갖추고 성벽에 나무다리를 걸쳐 놓았다. 그러나 적은 하나도 보이지 않고 성은 무서운 고요함에 싸여 있었다. 타다 남은 불길과 즐비한 주검들이 그들을 맞았다. 로마군은 너무나 뜻밖의 일에 어찌할 바를 몰랐다. 비록 적군이지만 그 결단과 용기로 이루어진 죽음 앞에서 마냥 기뻐할 수는 없었다. 로마 병사들이 고함을 지르자 두 여자가 숨어 있던 도랑에서 나왔다. 그녀들이 간밤에 있었던 일을 자세히 말하자 실바는 두 여자와 다섯 아이들을 모두 살려 주었다.

고고학자 야딘

로마군은 마사다에 40년쯤 머물렀다. 500여 년 뒤 비잔틴 수도사들이 한동안 살았지만 페르샤 이슬람교도들이 유대를 정복하자 그들도 떠나갔다. 유대인들이 이스라엘을 세우기까지 1900년이나 세계 여러 곳에 흩어져 떠돌이 생활을 하는 사이,

그들의 용기와 신앙을 나타내는 마사다는 누구의 기억 속에도 남지 않고 사라져 버렸다. 요세푸스가 쓴 마사다 이야기는 어떤 역사 기록에도 없었으므로 아무도 믿지 않았다. 그는 그때 마사다에 있지도 않았으며 더구나 유대를 버리고 로마에 붙은 사람이 아니었던가. 그러나 요세푸스의 기록이 진실임이 밝혀지는 날이 오고야 말았다.

1838년 사해 바닷가를 여행하던 두 미국인 학자 로빈슨(Robinson)과 스미스(Smith)가 우연히 이 장엄한 바위산 위의 폐허 흔적을 보고 망원경으로 살폈다. 그 뒤로 1963년 이스라엘 정부가 발굴하기까지 125년간, 많은 탐험가들이 마사다를 찾아 그 비밀을 한 꺼풀씩 벗겨냈다.

아랍 사람들이 아스사바(As-Sabba:저주 받은 땅)라고 부르던 기묘한 바위산은 많은 탐험가들의 손에 의해 요세푸스가 남긴 역사 기록 속의 마사다로 바뀌어갔다. 1963년 이스라엘 정부는 유대인 고고학자 야딘(Yadin)에게 요세푸스의 기록을 뒷받침할 결정적인 발굴을 부탁했다.

1917년 예루살렘에서 태어난 야딘은 이스라엘 독립 운동에 참여하여 나중에는 참모총장까지 올랐다. 1952년, 군을 떠난 야딘은 히브리대학 고고학 교수로 일하면서 1955년부터 유대 광야와 사해 근처의 여러 유적을 발굴해 왔다. 야딘은 1963년 10월부터 1964년 5월까지, 1964년 11월부터 1965년 4월까지 마사다를 발굴했다. 그리고 요세푸스의 기록이 거의 틀림없음을 샅샅이 밝혀냈다.

야딘은 먼저 짤막한 신문 광고를 내어 발굴을 도울 지원자를 모집하였다. 워낙 외진데다 참기 어려운 날씨가 계속되는 곳이었으므로, 스스로 나서는 사람이 아니고서는 제대로 일을 해낼 수 없다고 생각했기 때문이다.

왕복 여비를 자기가 내고, 두 주일간 한 천막에서 열 사람이 지내며 음식도 좋지 않다는 조건이었지만, 세계 스물여덟 나라에서 신청서가 쏟아져 들어왔다. 지원자 5천여 명은 한 번에 2주일씩 23번에 걸쳐 번갈아 일했으며, 가드나(Gadna:청소년 전투부대) 학생들과 집단 농장에서 온 지원자까지 합쳐 날마다 평균 300명이 발굴을 도왔다.

야딘은 그 옛날 로마 제10군단장 실바의 캠프와 맞닿은 곳에 발굴 본부를 차렸는데, 내내 혹독한 날씨에 시달렸다. 아마도 세계 고고학 발굴 역사상 마사다처럼 어려운 발굴은 없었으리라. 남풍은 시속 100Km로 불어 천막을 갈기갈기 찢었고, 갑자기 쏟아지는 장대 같은 소나기는 눈 깜짝 할 사이에 골짜기를 채우고 말라붙은 개울을 강으로 바꾸었다. 캠프와 캠프 사이를 흙탕물이 넘쳐흐르고, 보급 물자를 헬리콥터가 날라다 준 적도 여러 번 이었다. 그러나 그 덕분에 야딘은 헤롯 왕이 만든 거대한 물탱크에 물이 찰 수 있다는 것을 알게 되었으며, 바위산 꼭대기 웅덩이들에 고이는 빗물을 옛 사람들이 저장해 두었다가 잘 사용했으리라는 것을 알 수 있었다

영웅들의 성지(聖地)

야딘은 맨 먼저 마사다 북쪽 끄트머리 벼랑에 3층으로 지어진 건물을 파냈다. 그것은 요새가 아니라 화려한 벽화와 로마식 목욕탕이 딸린 헤롯의 왕궁이었다. 헤롯대왕은 이 벼랑 꼭대기에서도 찬물, 미지근한 물, 뜨거운 물을 마음대로 쓰며 사치스런 생활을 했다. 야딘은 여기서 처음으로 시체 셋을 찾아냈다.

해골 하나는 젊은이의 것으로, 그 옆에는 갑옷에 달았던 은비늘 수백 개와 화살들이 흩어져 있었다. 다른 해골은 젊은 여자의 것으로, 까만 머리카락이 금방 손질한 듯 땋여진 채로 남아 있었고, 또 하나의 해골은 어린아이의 뼈였다.

이 세 궁전을 발굴하느라 자원자들은 밧줄로 몸을 묶고 까마득한 낭떠러지에 매달려 거센 바람에 흔들리며 일해야 했다. 헤롯이 그처럼 위험한 곳에 궁전을 지은 까닭은 경치 좋고 험한 요새인 점도 있었겠지만, 햇빛 드는 시간이 짧아 서늘하고 바람막이가 잘 되는 곳이었기 때문이다.

3층 왕궁 옆에는 커다란 창고가 있었다. 무너진 이 건물을 되살리기 위해서 발굴팀은 트랙터와 기중기를 써야만 했다. 이스라엘 육군 공병대가 기중기와 트랙터를 뜯어서 올린 뒤 다시 조립해주었다.

창고에는 기름, 술, 밀가루 단지 깨어진 것들이 그득 쌓여 있었다. 또 식량이나 일거리를 나눌 때 쓰였던 토큰들도 있었다. 한두 군데는 불타지 않고 그대로 있었다. 일부러 남겨둔 창고였다.

창고 뒤로는 아파트와 비잔틴 수도사들이 지은 회당이 있고, 헤롯의 별장인 서궁과 커다란 수영장도 있었다. 왕은 마사다를 빙 둘러 흰 돌로 성벽을 쌓고 군데군데에 탑 38개를 세웠다. 탑 안과 성벽에 붙여 지은 방은 모두 110개. 유대인들은 이 방들을 칸막이로 막아 여러 세대가 함께 살았다. 그밖에도 작은 궁 셋이 더 있었고, 특이한 것으로는 미크베(Mikve)라 칭하는 유대교 침례의식 목욕탕이 있었다.

발굴팀은 갖가지 항아리와 생활도구들, 그리고 '유대인의 자유'라고 새겨진 진귀한 동전, 온 세계를 통틀어 6개뿐인 은화 3개, 가장 오래된 천 조각 따위를 찾아냈다. 그러나 뭐니 뭐니 해도 가장 큰 소득은, 서기 73년 이전에 만들어진 두루마리 구약성서 14개였다. 그것들은 시편, 레위기, 에스겔서, 신명기 부분들과 유대민족이 해방된 기쁨을 적은 희년서와 외경인 '벤 시라의 지혜서', 그리고 사해 동굴에서 나온 에세네파의 두루마리 성경들이었다.

11개월 동안 야딘은 유대 반란군들이 쓴 검소하고 한 맺힌 유물들과 헤롯 왕이 세운 사치하고 화려한 유적들이 나타내는 뚜렷한 차이를 지켜봐야 했다. 고고학 상으로는 헤롯의 유물이 더 값졌지만, 정신의 고귀함은 유대 반란군의 유물에서만 볼 수 있었다.

마사다를 '영웅들의 성지'로 만든 것은 바로 이 고귀한 정신이다. 이 정신은 오늘날까지 승화되어 마사다는 현재, 군 장교들의 선서식장으로 활용되고, 이곳에서 그들은 "결코 다시는!(Never Again!)"을 외치면서 1948년에 독립한 조국이 다시는 외적에 의해 정복당할 수 없다는 비장의 각오를 새롭게 하고 있다.

마사다 최후의 연설

유대의 자객(Siccari)들을 이끌던 엘리에젤 벤 야이르는 자신의 백성들을 모두 모아놓고 다음과 같이 연설을 하였다.

"나의 충성스런 동지들이여, 우리는 오래 전부터 지금까지 참되고 의로우신 하나님 외에 그 누구에게도 굴복하지 않기로 굳게 맹세하였소. 그러나 이제 우리는 로마인의 노예가 되는 일을 면할 수 없게 되었소. 그래서 이제 우리는 이 같은 각오를 실천에 옮길 때가 되었소. 결코 노예가 되지 않겠다고 맹세한 우리가 목숨이 아깝다는 이유로 로마인의 노예가 되어 표리가 부동한 자들이라는 욕을 듣지 않도록 최선을 기울일 때가 바로 지금이 아닌가 생각되오.

내가 이같이 서두를 꺼내는 것은 우리가 살아 있는 한 로마인의 노예가 되는 일을 면할 수는 없을 것이기 때문이오. 우리는 로마에 제일 처음으로 저항하여 가장 마지막까지 싸운 행운아들이오. 나는 스스로 자유롭고 용감하게 죽을 수 있는 힘이 아직 우리에게 남아 있다는 것을 하나님의 은총으로 생각하오.

불시에 로마군의 공격을 받아 죽어간 우리의 동족들은 이 같은 혜택을 받지 못하였소. 우리가 로마군에게 함락되는 것은 시간문제요. 그러나 우리가 우리의 둘도 없는 친구와 함께 영광스러운 죽음을 나눌 시간은 아직 남아 있소. 적들이 아무리 우리의 생명을 빼앗고 싶어도 이것만큼은 어떤 방법으로도 방해하지 못할 것이오. 우리는 더 이상 적과 싸울 수도 없고, 적을 이길 수도 없는 처지에 놓였소.

어떤 의미에서는 우리가 일찌감치 하나님의 뜻이 무엇인가를 알아차려야 했었소. 이토록 많은 유대인들이 파멸을 당하고 우리의 거룩한 도성이 적에게 파괴되고 방화되도록 내버려두신 하나님의 뜻을 일찍이 깨달았어야 했었소. 하나님께서는 이제 우리를 절망의 위기 속에 몰아넣으시고, 우리의 희망이 얼마나 헛된 것이었는가를 여지없이 폭로하셨소. 이 마사다가 어떤 곳이었소? 난공불락의 요새가 아니었소?

그러나 이 난공불락의 요새도 우리를 구원할 수 없음이 명약관화하게 드러났소. 우리에게는 아직 풍족한 식량이 있으며, 무기도 넘칠 정도로 많이 있고, 다른 필수품조차 필요 이상으로 많이 비축되어 있소. 그러나 하나님께서는 노골적으로 우리에게서 온갖 구원의 희망을 앗아가 버렸소.

그러므로 우리 스스로 목숨을 끊어 우리가 저지른 죄에 대한 심판을 로마군에게서가 아니라 하나님에게서 직접 받도록 합시다. 또한 우리의 아내들이 더렵혀지기 전에, 우리의 자녀들에게 노예가 무엇인가를 가르쳐주기 전에 세상을 떠나게 합시다.

우리가 먼저 처자식들을 죽인 다음 우리도 서로 영예로운 죽음을 죽게 합시다. 이렇게 자유를 누리며 세상을 떠나는 것이 우리에게는 더할 나위 없는 영광스러운 죽음이 될 것이기 때문입니다. 우리의 재물과 요새에 불을 지르고, 로마인들로 하여금 우리의 재산에 손을 대지 못하도록 합시다. 그러나 식량에는 손을 대지 맙시다. 그래서 우리가 자결한 것이 식량이 부족해서가 아니라 노예가 되느니 차라리 죽음을 선택하겠다는 자유의 열망 때문이었다는 사실을 만방에 과시합시다."

(유대전쟁사 7:8, 6)

목사님, 무엇이 되고 싶습니까?

목사가 되고 싶다는 마음이 생길 때 우리는 소명을 받았다고 표현합니다. 하나님이 쓰시려고 자신을 불렀다는 종교적 자각입니다. 이후 그는 기도로 준비해서 신학에 입문하고 과정을 마친 후에는 안수를 받고 목사가 됩니다. 목사가 되는 순간 감격과 함께 여러 생각들이 주마등처럼 머릿속을 스쳐갑니다. 앞으로 어떻게 목회할 것인가, 어떤 분야에서 사역할 것인가를 놓고 기도하게 됩니다. 여기서 저는 새로 출발하는 목사님들에게 묻고 싶습니다. 그리고 중년이 지난 목사님들에게도 똑같이 묻고 싶습니다.

"목사님, 무엇이 되고 싶습니까?"

이렇게 질문하면 겉으로는 이런 저런 거룩한 표현으로 자신의 소명감을 나타내겠지만 아마도 속으로는 출세(?)를 꿈꾸고 있을 것입니다. 그러면서도 그것이 성공을 향한 탐욕인지도 모르고 거룩한 생각이라고 착각하고 있을 것입니다.

현재 중년이 지난 목사님들도 당연히 과거에 출세를 꿈꾸었겠지요. 사실 과거 우리 모두는 대부분 같은 생각을 가지고 목회했습니다. 저도 그랬고요. 나이 들어 하나님의 오묘한 뜻을 찾았을 뿐 젊은 날에는 대부분 그랬습니다.

안수를 받는 순간, 벅차오르는 감격과 함께 무엇이 우리의 심장을 고동치게 했을까요?

불타오르는 소명감으로 포장된 젊은 날의 꿈이었습니다. 대형교회 담임목사가 되거나 아니면 교회를 크게 부흥시켜서 대형교회를 만들고 싶었지요. 교회가 부흥되면 성전을 크고 화려하게 짓고 싶었습니다. 그것이 그리스도를 위해 최선을 다 한 목사의 열심이라고 생각했습니다. 그리고 수만 명을 앞에 놓고 설교하고 싶었습니다. 그렇게 되면 참 기쁠 것입니다.

부흥의 흔적을 보여주면 각종 세미나 강사로 초빙 받을 것이고 여러 교회에서 부흥회 강사로 부를 것입니다. 또한 세계 각국을 누비며 복음을 전하게 될 터이니 수입도 엄청날 것입니다. 부흥사가 된다는 것은 목사로서 물질 축복을 받았다는 것을 의미하니 얼마나 좋습니까?

재정적으로 여유가 있으니 방송설교도 하고 기독교 TV에도 등장하면 유명한 목사가 됩니다. 그러면 수많은 교인들이 '우리 목사님, 우리 목사님' 하면서 찬사를 보낼 것이고 가는 곳마다 사람들이 찾아와서 인사하고 반길 것이니 연예인 부럽지 않습니다.

이 정도 되면 총회장에 출마할만하지요. 그리고 가급적 이른 나이에 교단 대표를 지내면 그 후 여러 연합기관의 대표가 되거나 이사장이 되기도 합니다. 당연히 각종 연합집회에서 설교를 담당하게 되지요. 그러면 영계(교계)의 거물이 될 것입니다.

설교도 개 교회 초청은 사양하고 주로 연합집회 초청만 수용합니다. 하더라도 대형교회 초청만 허락하지요. 작은 교회는 명분을 붙여 사양하거나 아니면 일단 허락한 뒤 대형교회 초청이 들어오면 어떤 구실을 붙여 살짝 피해가지요. 일종의 인기관리입니다. 그리고 교회 예산으로 설교집도 여러 권 출판해서 동역자들과 교우들에게 나눠주면 명예는 더 업그레이드됩니다.

유명한 목사가 되려면 학력도 어느 정도 뒷받침해 주어야 권위가 있습니다. 그래서 가능하면 목회학 박사를 받으려 할 것이고 신학교에 목회학 강사로 출강하고 싶어 합니다.

실력이 있어 외국에서 박사학위를 받는다면 금상첨화지요. 설령 그런 학위 아닐지라도 성공한 거물이니 분위기가 무르익으면 때에 따라 대학에서 명예박사를 수여할 수도 있습니다. 그러면 교인들은 목사님을 우러러보며 훌륭한 목사님이라고 감탄하며 자랑스러워할 것입니다.

교회를 크게 부흥시켰으니 거기에 합당한 대우를 받아야 한다며 교회에서는 40평 이상의 사택을 제공할 것이고 승용차는 외제 고급차를 제공할 것입니다. 비서가 있고 전담 운전기사가 있고 억대의 연봉과 억대의 판공비가 주어지고.

사실 교회를 부흥시키려는 우리들의 열심이 바로 이런 부분 때문이라고 말해도 아마 부정하지는 못할 것입니다.

또한 이렇게 목회하다가 은퇴했을 때 교회에서는 살던 집을 있는 그대로 명의 이전해서 넘겨주고 수십억 원의 퇴직금과 매월 수백만 원의 생활비가 종신토록 주어진다면, 상황에 따라 고급승용차와 전담 운전기사까지 배려된다면 이 세상에서 부러울 것이 없을 것입니다. 여기에 목사님의 업적을 기리는 기념관까지 세워진다면 금상첨화겠지요. 고귀하신 이름이 영원토록 기념될 것이라고 생각하니 이 땅에 태어난 것이 행복하게 느껴질 것입니다.

복 받은 자요 하나님의 사랑받는 자라고 생각하니 이젠 죽어도 여한이 없다고 생각될 것입니다. 교회에서 이렇게 자신을 인정해주고 후하게 대접해 주니 자신은 한 시대 하나님께 크게 쓰임 받은 성공한 목사라고 자부심을 갖게 될 것입니다. 그래서 그런지 이들은 은퇴하는 날 “나의 나 된 것은 하나님의 은

혜"라며 고전 15:10을 고백하면서 마무리합니다. 실제로 이런 분이 여럿 있습니다.

목사님, 목사님도 지금 이런 꿈을 꾸고 계시겠지요. 아마도 목사님의 보랏빛 설계일 것입니다. 우리들이 말하는 성공한 목사의 모습이니까요. 우리는 이 모습을 축복이라고 생각했지 허영이라고는 감히 생각지 못했습니다. 교회가 세속화되었을 때 나타나는 전형적인 모습임에도 우리는 전혀 몰랐습니다. 그래서 그런지 목회를 마무리하고 은퇴하던 날, 맡겨진 심부름 제대로 감당하지 못했다며 괴로워하는 목사님은 별로 보지를 못했습니다. 무익한 종이었다고 눈물 흘리는 목사도 만나지 못했습니다.

하나님이 우리를 부르신 것은 교회 부흥시켜서 황금마차 타도록 부르신 것이 아니라(교회가 대형교회로 성장할지라도) 낮고 천한 자의 모습으로 살면서 세상의 모든 것(피조물)들을 존경하고 사랑하라고 부르셨는데도 말입니다.

그런데 더 이상한 것은 교회 성장이 목회의 전부가 아니라고 아무리 설명해도 이해를 못한다는 사실입니다. 1970년대 이후 불어닥친 산업화 영향으로 목회 본질에 대한 인식이 변했기 때문입니다.

미국에서 들어온 번영신학의 영향으로 개 교회 성장만이 목회의 전부인 것처럼 당연시되는 분위기, 섬김보다는 능력(성장, 성공)을 우선시하는 분위기에서 지난 50년간 세뇌되었기 때문입니다.

그래서 과거 이런 꿈을 꾸었다가 뜻대로 안 되어 허탈해하시는 중년의 목사님들은 절망에 빠지고 삶의 가치를 잃어버려 우울증에 사로잡히게 되지요. 회한의 세월을 보내기도 합니다. 지금도 그런 분이 참 많이 있습니다.

그래서 말입니다. 출세를 꿈꾸었거나 출세를 꿈꾸고 계시는 분들에게 말씀드리고 싶은 것이 하나 있습니다. "무엇이 되느냐가 중요한 것이 아니라 어떻게 사느냐가 중요하다"는 사실 말입니다. 굳이 되고 싶은 무엇이 있다면 작은 예수가 되라고 부탁드리고 싶습니다.

목사님, 혹시 서산대사의 시 '답설야중거踏雪野中去'를 아시나요?(불교 이야기라서 불쾌하게 여기시는 것은 아닌지 모르겠습니다. 그래도 들어보셔야 합니다.)

눈 덮인 들판을 걸을 때는
어지러이 걷지 마라
오늘 걸어가는 나의 발자국은
뒤에 오는 이의 이정표가 되나니

그는 조선 중기 승려로서 임진왜란 때 사명대사와 함께 승병을 이끌었던 유명한 고승입니다. 마음을 비우고 살았기에 이런 시가 마음에서 우러나오는 것 아니겠습니까. 참 아름답습니다. 하늘에서 내려온 신선의 음성처럼 들립니다. 승려라면 누구나 원하는 절의 주지 자리도 사양하고 수행만 했다니 대단한 인물입니다. 법정 스님도 그랬다는데.

목사님, 서산 대사처럼 훌륭한 인물이 되어서 이처럼 좋은 시 한 수를 남기고 싶지는 않은지요?(승려가 되라는 말이 아닙니다.) 그리고 이 시의 내용처럼 눈 덮인 들판을 어지러이 걷지 않는 목사가 될 생각은 없으신지요? 우리 기독교계에 이런 인물이 많이 나타나야 합니다.

불교의 고승은 기독교의 성자와 같습니다. 성자는 작은 예수입니다. 그러니까 성자 곧 작은 예수가 많이 출현해야 한다는 말입니다. 그러므로 이제 목사님이 성자가 되셔서 삶의 모범, 신앙의 모범을 보여주시면 어떨까요?

과거 우리 모두가 꿈꾸었던 목회의 그림은 눈 덮인 들판을 어지러이 걷는 발걸음이었습니다. 그런 줄도 모르고 열심히 걸으면서 뒤에 오는 이더러 빨리 오라고 재촉했지요. 우리의 과거는 목회한 것이 아니라 사업을 했고, 전도한 것이 아니라 내 교회 성장 위해 노심초사했습니다. 주님을 사랑한 것이 아니라 자신을 사랑했고, 영혼을 사랑한 것이 아니라 물질을 사랑했습니다.

성령 받아 능력의 종이 되려했지 섬김의 종이 되려는 생각은 없었습니다. 우리의 기도는 자신의 탐욕을 위해 성령을 이용하려 했습니다. 오고 오는 후배들이 그 길 따라 걸어올까 두렵습니다. 권력을 추구하는 사판승이 득도得道한 이판승인 것처럼 처세하면 아니 되지요. 세속에 물든 맘 가지고 있으면서 성자인 양 처세하면 아니 되지요.

그런데도 우리는 교회 관리자에 불과한 삶을 살면서 성스러운 사역이라고 포장했습니다. 뒤에서 오가는 평가를 들어보면 우리는 아직도 거듭나야 될 품성들이 참 많은데 말입니다. 신령한 눈과 귀가 없으면 그렇게 됩니다.

그렇지만 과거는 몰라서 그랬습니다. 그러므로 이제라도 가던 길 멈추시고 새 길을 가시지요. 불교계에도 사판승만 있고 이판승은 없다는데 우리도 그 형국입니다. "내 길이 후세의 이정표가 될 것"이라고 말했던 독립투사 나용환 선생의 말씀처럼 저도 제가 부르짖으며 걷는 이 길이 먼 훗날 소명 받은 이들에게 이정표가 될 줄 믿고 새 길을 가고 있습니다. 목사님도 가던 길 멈추시고 새 길 가시면 어떨까요? 그러면 목사님이 걷는 길은 먼 훗날 오고 오는 이들의 이정표가 될 것입니다.

목사님, 고려 말의 나옹화상을 아시나요?

공민왕 시절 국사國師이면서 왕사王師였습니다. 얼마나 존경을 많이 받았는지 살아서 생불生佛로 추앙받았던 고승이었습니다. 당연히 입적 후에도 부처로 예우를 받았지요. 그래서 그의 사리는 부처님처럼 여러 곳에 분배되었고 그의 부도는 불탑과 같은 모양으로 지어졌습니다. 부처가 되었다는 뜻이지요.

부도는 고승의 무덤입니다. 그런데 그의 부도는 석가모니 사리를 모신 통도사의 금강계단과 같은 모양으로 세워졌습니다. 나옹화상을 부처로 본 것입니다. TV 연속극 〈황진이〉에서 황진이가 읊어 유명해진 시 '청산은 나를 보고'는 그가 지었다는 설도 있습니다.

청산은 나를 보고 말없이 살라하고
창공은 나를 보고 티 없이 살라하네
사랑도 벗어 놓고 미움도 벗어놓고
물같이 바람같이 살다가 가라하네

청산은 나를 보고 말없이 살라하고
창공은 나를 보고 티 없이 살라하네
성냄도 벗어 놓고 탐욕도 벗어놓고
물같이 바람같이 살다가 가라하네

목사님, 이 시를 읽으면서 뭔가 숙연해지는 느낌은 없나요? 없다면 출세 의욕이 가득 차서 그렇습니다. 있다면 출세라는 헛된 망상에 사로잡혀 탐욕으로 얼룩진 과거가 죄스럽고 수치스럽게 느껴질 것입니다. 빛과 소금이 되라는 예수님의 말씀도 새롭게 들리고요. 목사님은 과연 그렇게 살았나요? 식솔을 거느린 몸이라서 어려웠을 것입니다. 그렇지만 탐심을 버리면 얼마든지 멋지게 살 수 있습니다.

목사님, 그러면 이제 무엇이 되고 싶습니까? 아니 앞으로 어떻게 살겠습니까? 지금도 출세를 꿈꾸고 계시나요? 탐욕을 버리고 불교계의 생불처럼 되시지요. 나옹화상은 살아있는 부처가 되었기에 이런 시가 탄생될 수 있었습니다. 그러면 목사님도 작은 예수가 되어서 사람을 감동시키는 시 한수를 만들어보시지요. 출세우상에 빠진 목사들을 나무라는 시 말입니다.

우리는 기독교인인데 왜 자꾸 승려 이야기만 하느냐고 나무라지는 마십시오. 우리 모두 예수를 만나 하나님을 경험하고 깨달음의 경지에 이르러야 하겠기에 드리는 말씀입니다.

목사님, 다시 말씀드리거니와 승려가 생불이 되었다면 우리는 작은 예수가 되어야 합니다. 전남지역에서 사람들에게 작은 예수로 불렸던 포사잇 선교사처럼 21세기 예수가 되라는 부탁입니다.

1908년! 그때는 쓰러져가는 여자 문둥이를 품에 안고 병원으로 옮기는 일은 용기 없이는 어려운 시절이었는데 그는 그렇게 했습니다. 그의 모습은 젊은 최흥종을 감동시켰고 결국은 목사가 되어서 나환자들의 아버지가 되게 했습니다.

존경하는 목사님, 우리도 작은 예수가 될 수 있습니다. 말씀을 통해서 그리스도를 만나면 가능합니다. 그리스도를 통해서 하나님을 경험하면 가능합니다. 묵상을 통해서 성령의 세미한 음성을 들을 수 있다면 가능합니다. 성령의 도우심을 간구하십시오. 될 수 있습니다. 목사님, 그러면 무엇이 되고 싶습니까?

작은 예수가 되십시오.

불교계에 생불이 있었다면 기독교에도 프랜시스처럼 작은 예수가 많이 있었습니다. 종교개혁 이후에도 천주교에는 나환자를 위해 자신의 생을 바친 다미안 신부가 있었습니다.1) 일본

---

1) 그는 하와이 몰로카이 섬에서 나환자를 섬기다가 나환자가 되어 흉한 얼굴로 생을 마쳤다. 벨기에를 빛낸 최고의 인물로 추앙받았으며, 그의 시신이 돌아오던 날 국왕이 직접 나와서 맞이하고 전 국민이 모두 함께 울었다.

그는 말로만 휴머니즘을 외치던 사람들의 환상적이고 위선적인 삶에 진정한 인도주의 정신을 가르쳐준 인류의 스승이었다. 성직이란 화려한 것이 아니라 하나님과 일치된 삶이고 그 하나님은 바로 이웃과 함께 하고 있는 가장 착한 목자라는 것을 일깨워준 사람이었다. 나병으로 인한 그의 일그러진 얼굴은 우리들의 도덕적 무관심을 일깨우는 준엄한 꾸짖음이며, 사랑과 자비, 자기희생의 영웅만이 받을 수 있는 - 하나님의 낙인(인침)이었다.

개신교에도 빈민들을 위해 자신을 불태운 20세기 성자 가가와 도요히꼬(하천풍언)가 있었습니다.

어찌 프랜시스만 있고 가가와만 있겠습니까. 한국의 개신교에도 작은 예수가 많이 있었습니다. 한국의 프랜시스 강순명 목사님, 겸손의 상징 김삼수 목사님, 중목사 김현봉 목사님, 사랑의 원자탄 손양원 목사님, 성자 이인재 목사님, 나환자들의 아버지 최흥종 목사님, 등등 많은 분들이 있었지요.

결혼해서 식솔을 거느린 몸으로 그렇게 산다는 것은 쉬운 일이 아닙니다. 이런 분들이 성자가 아니면 누가 성자이겠습니까? 우리가 대형교회 목사만 기억하다 보니 그들이 잊힌 인물이 되어서 그렇지 그분들은 참으로 훌륭한 목사님들이십니다.

예수를 소개함에 있어 포사잇의 몸짓은 우리의 설교 백번보다 낫고, 복음을 전함에 있어 다미안의 일그러진 얼굴은 우리의 무수한 외침보다 낫습니다. 예수의 영광을 드러냄에 있어 가가와 도요히꼬의 섬김과 헌신은 백 마디 말보다 낫습니다. 사랑은 그렇게 전하는 것인 바 예수는 사랑을 통해서 전해집니다. 이들의 삶이 모두 그러했습니다.

이제 21세기에는 목사님이 그렇게 되실 줄 믿습니다. 목사님의 이름 석 자만 들어도 가슴이 멍해지고 머리가 숙연해지는 그 날이 올 줄로 믿습니다. 성 프랜시스의 이름만 들어도 우리가 감화를 받듯이 말입니다. 그러므로 유명한 목사가 되려고 하지 마십시오. 존경받는 목사가 되십시오. 특히 주위에 있는 사람들에게 존경받는 목사가 되십시오. 비록 소수의 무리일지라도 괜찮습니다.

김현봉 목사가 성자가 아니면 누가 성자냐고 반문하는 교인들! 부임하는 이인재 목사를 향해 성자 오셨다고 환영하는 교인들![2] 김홍섭 판사로부터 사형언도를 받았기에 죽어도 여한이 없다며 눈물 흘리는 사형수들! 당신에게는 이런 사람이 몇이나 있습니까? 임종 전, 당신을 장례식 설교자로 모시고 싶다고 유언하는 사람이 몇이나 있습니까? 당신의 음성을 들으면서 생을 마치고 싶다는 사람이 몇이나 있습니까?

주위에 이런 사람이 있어야 당신은 성공한 목사입니다. 우리를 감동시키는 것은 조용기 목사의 성공스토리가 아니라 손양원 목사가 전하는 사랑의 원자탄임을 생을 마치는 날까지 잊지 마십시오. 그러므로 신학교에서 배운 예수만 전하지 말고 자신이 체험한 예수를 전하십시오. 사랑의 실천자가 되어 예수의 본질을 보여주십시오. 그러면 작은 예수가 될 것입니다.

과거 우리는 H목사를 목회의 '큰 바위 얼굴'로 생각하는 경향이 있었습니다. 저도 그랬습니다. 성자로 추앙했지요. 지금

---

2) 그의 부모형제는 1950년 9월, 공산군 게릴라들에 의해 처참하게 학살당했다. 그런데도 그는 부모형제 죽인 원수들을 예수 믿는 조건으로 용서했으며 나중에는 결혼식 주례까지 서 주며 돌봐줬다고 하니 참으로 성자라 아니할 수 없다. 외로움을 이기고 목사가 된 그는 목회 마지막 10년을 부모님이 순교하신 진리교회(전남 신안군 증도면 임자도)에서 보냈다. 자원해서 부임한 것이다. 그가 부임할 때 교인들이 나와서 "성자 오셨네, 성자 오셨네." 하면서 눈물로 환영했다고 한다.

도 일부에서는 그런 경향이 있습니다. 검소한 그의 모습은 청렴, 결백, 겸손, 섬김의 상징이기도 했습니다. 그런데 그가 1980년 8월, 무저갱에 들어갈 학살의 원흉을 위해 축복기도하던 날, 정말 많은 사람들이 너무도 실망하여 마음에 상처를 입었습니다. 세월호 침몰사건 때(2014.4.16)처럼 내상內傷이 깊었지요. 목사로서 할 짓은 아니었습니다. 같은 성경본문(롬 13:1-3)인데도 설교 내용이 일제시대와 해방 후에 전혀 달랐던 그의 모습이 여실히 드러나는 순간이었습니다. 목사가 이러면 아니 되지요. 존경과 대우 받는 것을 의식하면 이렇게 됩니다.

목사님, 앞으로 무엇이 되고 싶습니까?

중요한 사실은 세상에서 무엇이 되느냐가 중요한 것이 아니라 어떻게 사느냐가 더 중요하지요. 그것이 우리의 사명입니다. 굳이 무엇이 되고 싶다면 작은 예수가 되십시오.

출세와 성공을 향한 우리의 질주! 일반 세상 사람들의 분주함과 무엇이 다릅니까? 우리는 부르심에 합당한 생활을 해야 합니다. 성공을 추구하더라도 예수 안에서 하십시오. 하나님이 우리를 부르신 것은 교회 부흥시켜서 부귀영화 누리라는 것이 아닙니다. 땅에서 썩어 없어지는 한 알의 밀알이 되라고 우리를 부르셨습니다. 그러므로 전도는 열심히 하되 섬기는 목회를 해야 합니다.

그런데도 우리는 자신을 위한 열심이면서도 주님을 위한 열심이라고 합리화 했습니다. 자신의 영광을 위해 열심을 냈으면서도 주님의 영광을 위해서라고 했지요. 과거 예수의 이름으로 행한 우리의 모든 것들이 예수의 영광을 가로챈 지난날 이었습니다. 입으로만 예수를 전했고 강단에서도 자신을 위해 울었습니다. 솔직히 표현하면 주의 영광을 흐리게 하는 삶을 살았습니다.

성철 스님은 "절간에 도둑들이 가득 차 있고 중놈은 부처 팔아먹는 도둑'이라고 일갈하셨는데 그러면 이 시대에 목사는 누구이옵니까? 예수님의 책망을 들어보면 바리새인과 사두개인은 하나님 팔아서 먹고사는 나쁜 놈들인데 그러면 이 시대에 우리는 누구이옵니까?

먹고 살 길이 없어서 목사가 되셨나요? 그래서 지금도 먹고 살기 위한 방편으로 목회하시나요? 가난이 지겨워 지금도 출세하려고 교회를 디딤돌 삼아 몸부림치시나요?

과거는 그렇다 치더라도 이왕지사 여기까지 왔으니 이제 남은 인생은 주를 위해 헌신하면 어떨까요? "주는 그리스도시요 살아계신 하나님의 아들"이라고 분명히 고백하고, 이 예수가 나를 이토록 미치게 만든다고 사람들에게 고백할 수 없을까요? 주를 진실로 사랑한다고 고백할 수는 없을까요?

이제 우리가 바라보아야 될 모델은 대형교회의 모습이 아닙니다. 멋진 건물도 아니요 화려한 예배도 아닙니다. 매머드 오케스트라도 아닙니다. 그런 것들은 시간이 지나면 모두 사라질 것들입니다. 인류의 마음속에 영원히 남는 것은 다미안의 일그러진 얼굴처럼 작은 예수의 모습입니다. 바로 그 모습이 우리로 하여금 영혼의 그윽 깊은데서 맑은 찬송소리가 우러나오게 하지요.

사도 바울이 성령에 사로잡혀 목수의 아들 예수가 그리스도임을 전하고 소개했다면, 일본의 가가와 도요히꼬(하천풍언)는 예수의 사랑이 무엇인지를 몸소 보여 준 20세기 성자입니다. 변비로 고생하는 빈민들의 항문을 자신의 혀로 해결해주는 놀라운 자기비하의 사람이었습니다. 세상의 가장 비천한 곳까지 내려가는 그 놀라운 사랑! 그 사랑의 능력은 일본인들을 저주하던 중국인들의 마음을 감동시키고 결국엔 장개석 총통까지 감동시켜 세계 2차대전 종전 후 일본에 대한 분할통치를 막을 수 있었습니다. 또한 200만 일본인들이 무사히 귀국할 수 있도록 했습니다. 과연 우리에게도 이 사랑이 있을까요? 왜 우리는 작은 예수가 될 수 없을까요?

그러므로 형제들아, 우리가 어찌할꼬? 어찌 하여야 작은 예수가 될 수 있을꼬?

자신의 명예와 출세를 위해서가 아니라 주님을 위해서 살면 누구나 작은 예수가 될 수 있습니다. 하늘의 음성을 듣고 순종한다면 누구나 그렇게 될 수 있습니다. 바울이 하늘에서 보이신 것을 거스르지 아니하고(행 26;19) 두렵고 떨리는 마음으로 다메섹에 가듯이 우리도 목사임직 받던 날 들었던 심장의 고동소리에 순종하면 누구나 그렇게 작은 예수가 될 수 있습니다.[3)]

그러므로 어서 빨리 순종하십시오. 출세와 성공에 미련두지 마십시오. 언제까지 이러시겠습니까. 언제까지 노회, 총회의 감투에만 미련두시겠습니까. 언제까지 출세만 매달리겠습니까. 식견 높다고 천국 가는 것 아닙니다. 똑똑하다고 천국 가는 것 아닙니다. 높은 직책을 감당했다고 천국 가는 것은 더더욱 아닙니다. 하늘이 울고 땅이 슬퍼하는데 언제까지 출세만 매달리겠습니까. 어서 빨리 그 에너지를 주를 위한 헌신에 쏟으십시오.

우리의 눈이 하늘에서 인간을 내려다 볼 수 있다면 얼마나 좋을까! 그러면 탐심으로 가득 찬 인생들의 분주함이 우습게 보일 것입니다.

땅위에 살면서 하나님의 시각으로 인간을 바라볼 수 있다면 얼마나 좋을까! 그러면 아마도 정의롭고 베푸는 삶을 살게 될 것입니다.

우리에게 신령한 눈과 귀가 있어 성령의 세미한 음성을 들을 수 있다면 얼마나 좋을까! 그러면 예수의 마음을 품고 하나님

---

3) 기관목사나 신학교 교수도 그 소리를 잊으면 아니 된다. 잊으면 직업인에 불과하다. 그럴 바에는 차라리 안수를 받지 안했더라면 더 좋았을 것이다. 월급 받는 일에 족하지 말고 작은 예수가 되어야 한다. 목사 같은 교수를 보기 힘들다는 어느 신학대학 직원의 푸념이 우리를 슬프게 한다.

의 형상을 닮은 작은 예수가 될 것입니다.

예수의 사랑에 미쳐서 이웃을 위해 내 인생을 불태워버리는 그런 사람이 될 것입니다. 그러면 그가 걷는 길은 뒤에 오는 이의 이정표가 될 것입니다. 그래서 그런 사람이 많아지면 세상은 참 아름다워지겠죠. 예수님은 그런 세상을 천국이라고 표현하셨습니다.

이 땅에는 평신도 중에도 작은 예수가 참 많이 있었습니다. 성직자는 아니었지만 작은 예수가 되어 자신의 삶을 헌신했습니다. 참 본 받을만한 믿음의 선배들이지요. 경기도 안산에는 소설 〈상록수〉의 주인공 최용신 선생이 있었고 전북 전주에는 거지 고아들의 대모 방애인 선생이 있었습니다.[4] 1960년대에는 저를 울게 했던 사도 김홍섭 판사가 있었고 최근에도 부산에는 사랑의 바보의사 장기려 박사가 있었습니다. 하늘의 음성을 듣고 순종하신 분들이지요.

평신도도 이러한데 소명 받은 목사는 어찌해야 하겠습니까? 당연히 하나님의 심부름꾼이 되어야지요. 그런데도 우리는 평신도가 작은 예수로 사는 모습을 보면서도 뭐 했는지 모르겠습니다. 강단에서 그들을 소개하며 본받으라고만 외쳤지 자신이

---

4) 가난한 식민지 조선의 딸로 태어나서 그렇지 그들은 세계적인 성녀였다. 그녀들의 삶은 이름 앞에 저절로 "聖"자를 붙이도록 했으며 일본의 가가와 도요히꼬(하천풍언)와 비교되는 이름이다.

그렇게 되려고 고민하지는 않았습니다.

거지 아이를 업고 가는 처녀 방애인의 모습이 모교인 호수돈 여고 후배들을 감동시키며 울리고 있을 때 우리에겐 눈물도 없었습니다. 우찌무라 간조와 가가와 도요히꼬가 목사직을 거부하고 평신도임을 자처하면서 제도권 교회를 비판할 때 우리 모두는 귀를 닫았습니다. 언제까지 이래야 되나요. 목사님, 이젠 무엇이 되겠습니까? 작은 예수가 되십시오.

작은 예수가 누구냐!

작은 예수가 어떤 모습이냐!

어떤 사람이 작은 예수냐!

예수의 가르침을 따르고 실천하는 사람입니다. 예수의 심장을 품은 사람, 예수의 사랑을 실천하는 사람입니다. 예수를 닮으려고 몸부림치는 그리스도의 사람입니다. 그리스도의 본질을 드러내는 그런 사람입니다. 사랑이 무어냐고 물으신다면 다미안과 가가와 도요히꼬를 보라고 말하겠습니다.

프랜시스가 말한 하나님의 어릿광대요, 우찌무라 간조가 말하는 하나님의 노동자요, 제가 주장하는 하나님의 심부름꾼입니다. 우리가 기억하는 수많은 믿음의 선배들, 그리고 죽어서 별이 된 사람들이 모두 여기에 속합니다.

종교에서 많은 혜택을 누리면서도 말로만 거룩한 척 하는 성직자들! 이들이 활개 치는 요즘세상에서, 성직이란 화려한 것이 아니라 하나님과 일치된 삶이고 그 하나님은 바로 이웃과 함께 하고 있는 가장 착한 목자라는 것을 그들은 일깨워주었습니다. 성직이란 신의 이름으로 살아가는 직업이 아니라 신의 모습을 드러내야 하는 직업입니다.

바라기는 영계(교계)의 거물이 되지 말고 사랑(섬김)의 거물이 되십시오. 말씀 전하기 전에 먼저 중생을 체험하십시오. 입으로 좋은 말씀(설교)만 하지 말고 몸으로 삶으로 좋은 모습 보이십시오. 신학교에서 배운 예수만 소개하지 말고 자신이 만나고 체험한 그리스도를 전하십시오. 성령운동을 부흥운동이 아닌 섬김 운동으로 전환하십시오. 섬김과 사랑으로 가득 찬 작은 예수가 되십시오. 그러면 세상은 많이 변화될 것입니다.

지금도 주님은 우리들의 변화된 모습을 기다리고 계십니다. 결혼한 몸이라서 어렵다는 핑계는 하지 마십시오. 주어진 자리에서 섬길 대상을 찾아 섬기면 됩니다. 주께서 자신을 낮추어 종의 모습으로 오신 것을 몸으로 삶으로 보여준다면 당신은 어디를 가나 예수의 증인이 될 것입니다. 행 1:8을 실천하는 목사가 될 것입니다.

예수는 승천하시면서 우리에게 두 가지를 부탁하셨습니다. 하나는 모든 민족을 제자로 삼아 아버지와 아들과 성령의 이름으로 세례를 주라는 것이고, 둘째는 주께서 분부한 모든 것을 가르쳐 지키게 하라는 것입니다.

주께서 분부한 것이 뭐냐?

세상에서 소금과 빛이 되라는 것이요, 섬기는 자가 되라는 것이요, 사랑의 실천자가 되어서 신의 본질을 드러내라는 것입니다. 이 두 가지를 실천해야 진정한 제자요 사도행전 1장 8절이 말하는 증인이라는 것입니다.

그런데 우리는 너무 첫 번째 부분에만 집중했습니다. 그것도 하나님 나라를 확장시키기보다는 내 교회 성장에만 매달렸습니다. 내 교회 교인들 관리하는 데만 매진했습니다. 쉽게 표현하면 관리자의 삶을 산 것이지요.

두 번째 부탁을 실천하는 일에는 소극적이었습니다. 성실히 사는 것으로 만족했습니다. 주께서 분부하신 것을 자신도 실천하며 가르쳐야 하는데, 모범을 보이면서 가르쳐야 하는데 그러지를 못했습니다. 자신은 실천하지 않으면서 교인들에게만 실천하라 하니 말의 권위가 상실되었습니다.

관리자 목회에 머무르면서 탐욕에 젖으니 교회는 직장이었고 목회는 직업이었으며 세상 직업인과 별반 다를 바가 없었습니다.

여기서 교회의 추락은 시작됩니다. 이 상황을 벗어나려면 우리는 어서 빨리 수도자의 모습으로 돌아가 사랑의 실천자가 되어야 합니다. 그리스도의 화신이 되어 그가 분부하신 것을 처절하도록 실천해야 합니다. 목자가 열심히 실천하면 양들은 저절로 따라오게 되어 있습니다.

그러므로 예수가 누구인지 바울이 소개했다면 우리는 예수의 사랑이 어떤 것인지 몸소 보여주어야 합니다. 우리 모두 작은 예수가 되어서 땅 끝까지 보여주어야 합니다. 그것이 진정한 사도행전 1:8의 완결입니다. 이 일을 위해서 하나님은 우리를 부르셨습니다.

그러므로 어서 빨리 이천년 교회사에 촛불 하나 켜 놓으십시오. 성령께서 도와주실 것입니다. 아직도 할 일은 참 많습니다. 지금도 주님은 당신의 이름 석 자를 기다리고 계십니다. 목사님, 무엇이 되고 싶습니까?

(2017년 5월 25일, 주님 승천일에 〔행 1:8〕을 묵상하면서)

문둥이 아들과 무정한 아버지

(이 이야기는 실제 있었던 일로 2008년 7월 20일 오후 6시 시티에스 기독교TV 방송에서 모 목사가 예화로 든 것을 옮겨 싣는다.)

서울 사는 박씨는 자식을 아홉이나 낳아서 기르는데 다들 잘 생기고 똑똑하고 건강했다. 그런데 일곱째 아들 칠성이가 17살이 되던 어느 날, 살갗에 붉은 점이 생겨 알아보니 문둥병에 걸렸다. 청천벽력! 이런 불행……. 죽고만 싶었다.

'아, 이 아들 문둥이를 어떻게 하나?' 집에 데리고 살 수가 없어서 나환자를 수용하는 소록도에 보내기로 하고 하루는 칠성이와 함께 소록도로 가는데, 칠성이가 소록도에 가서 문둥병자로 평생 신음할 것을 생각하니 차라리 내 손으로 죽여 버리자 생각하고 큰 돌을 들어 아들 뒤에서 머리에 돌을 던졌다. 그런데 돌이 다른 데로 날아가 실패하고, 또 기어이 죽여야겠다고 다시 돌을 던졌는데 또 다른 데로 날아가 버려 단념했다.

가는 도중, 이번에는! 하고 아들 손을 잡고 바다에 빠져들었다. 칠성이는 물에 빠져 죽어가면서, "아버지, 아버지는 살아서 여덟 자식을 키워야 하지 않겠습니까? 저만 죽으면 되지 왜 아버지까지 죽어 어머니와 우리 여덟 형제들을 다 불행하게 만듭니까? 제발 사세요, 네!" 이렇게 애원을 했다. 박씨는 '아, 그러면 둘 다 살자' 하고 나와서 소록도에 아들을 맡겼다.

박씨는 혼자 서울로 돌아왔다. 박씨 아들딸은 잘 배우고 결혼 잘하고 좋은 직장 가져 출세하고 돈도 잘 벌었다. 그들은 행복하게 살았다. 아내는 그 사이에 죽었다. 혼자된 박씨는 큰아들 집에 얹혀사는데 석 달이 채 못 되어 아들 내외가, '저만 자식입니까?'라고 하기에 미련 없이 나와서 둘째네 집으로 갔다. 그런데 거기서도 서러움 받아 셋째네 집에, 또 그래서 넷째, 다섯째, 여섯째, 여덟째, 아홉째 자식을 찾아가도 다 그랬다.

박씨는 죽은 아내가 원망스럽고, 자기가 아흔 나이에 혼자 사는 것도 저주스러웠다. 자식이, 자식이 아닌 데야 애비가 애비라고 할 수 있는가, 에라 죽어버리자 하다가 40년 전에 소록도에 버린 아들 칠성이나 한번 보고 그 아들에게 용서를 빌고 죽자는 생각이 들어 소록도로 아들을 찾아갔다.

이때 연락을 받고 칠성이가 한 걸음에 달려왔다.

"아버지……. 40년 만에 불러보는 아버지. 한번 보고 싶다고 하나님에게 빌기를 40년, 드디어 쉰일곱 나이에 소원이 성취되었습니다. 하나님 감사합니다."

"아버지, 많이 늙으셨네요."

"저랑 같이 여기서 살아요."

"저는 여기 와서 예수 믿어 건강하고 평안을 얻었습니다."

"아버지, 저에게도 자식 노릇을 할 기회를 주세요. 저도 아버지를 모실 수 있는 행복을 주세요. 그동안 아버지가 얼마나 보고 싶었는지 모른답니다. 저는 아버지 생전에 아버지를 뵙고, 울면서, 또 웃으면서 아버지 손을 꼭 잡고, 한 상에서 밥 먹고, 한 이불속에 잠자고 싶었답니다. 이 소원이 이제야 이루어졌으니 하나님, 감사합니다. 아버지, 감사합니다. 굽은 나무가 선산을 지키지 않습니까, 이제 문둥이 같은 굽은 나무가 아버지 모실게요. 하하하."

아, 그 칠성이 웃음은 바로 부자의 울음이었다. 아버지와 아들 다 부둥켜안고 목 놓아 울었다. 아, 잃어버린, 아니 버린 자식은 진짜 자식이 되었다. 잘 길러낸 자식은 아버지를 버렸고,

지금 돌아온 탕아가 아닌, 돌아온 무정한 아버지 박 노인은 90 나이에 소록도에서 칠성이와 예수 믿고 행복하게 살고 있다.

잘 생기면 무엇 하나?
잘 배우면 무엇 하나?
돈 있으면 무엇 하나?
출세하면 무엇 하나?
신앙 없으면 다 헛것이다.

당신은 신자인가? 박 씨인가? 칠성이인가? 아니면 자식 여덟 명 중 하나인가?

오늘 같은 새해가, 새날 같은 오늘이 벌써 며칠 지나갔다.

예수 잃으면, 진리 놓치면 이 허망한 세상은 헛것이다. 제대로 살아야만 한다.

몇 년 전에 봉사활동 다녀왔던 소록도의 모습이 뒤엉키면서 얼마나 울었는지. 아, 칠성이의 영혼을 간수하시는 하나님께 감사의 기도를 드리며.

성자의 동생이 되고 싶어서

지인들이 누군가에게 나를 소개할 때는 대부분 이렇게 말한다. '○○○목사 동생이야.'

내 이름과 직분도 없다. 무조건 형의 이름부터 나온다. 아마도 내 형이 너무도 유명해서 그러리라. 그리고 그렇게 해야만 나에 대한 확실한 소개가 된다고 생각하는 소개자의 의식 때문이기도 하다. 그럴 때면 나는 불쾌한 반응을 나타냈다.

"내가 왜 ○○○목사 동생이냐? 그 사람이 이중택 목사 형이지."

금방 알아듣는 이도 있고 무슨 뜻인지 몰라 어리둥절해 하는 이도 있다. 소개하는 이는 상대편에게 확실하게 각인시키고 싶어서 유명한 형의 이름을 차용했다는 명분을 내세우나, 솔직한 나의 심정을 표현한다면 나는 그 명분이 싫다.

다소 덜 알려지면 어떠랴. '한진중앙교회 이중택 목사'면 어떠냐고 누누이 부탁한다. 이중택이는 누구의 동생이 아닌 이중택이의 모습으로 살고 싶다고 강조했다.

그런데 신기한 것은 흔히 유능하다는 평을 듣는 목사님들은 특별히 부탁하지도 않았는데도 '한진중앙교회 이중택 목사'라고 소개한다. 혹 첨가하고 싶으면 그때 '○○○목사 동생'이라는 소개를 덧붙인다. 그런데 어인 연고인지 평소 별로 인정받지 못하는 목사일수록 항상 '○○○목사 동생'이라는 소개로 시작해서 그것으로 끝난다는 점이다. 제발 그 표현 좀 하지 말라고 누차 부탁해도 변하지 않는다. 차라리 '○○○목사 동생 이중택 목사'로 소개해주면 좋으련만.

내가 그런 소개를 싫어하는 까닭은 하나님이 주신 내 존재의 가치를 지키고 싶어서 그러기도 하지만, 그보다는 소개하는 이의 의식구조가 자본주의 사상으로 물들어 있기 때문이요, 소개받는 이에게도 그런 의식구조를 은연중 심어 형과 동생을 단순비교 하도록 만들어주기 때문이다.

그러지 않고서야 절대 그런 소개를 할 수가 없다. 과연 내 형이 조그마한 교회 담임목사요 별로 유명하지 않았다면 그렇게 습관처럼 그런 표현이 나오지는 않았을 것이다. 교인 숫자와 교회 예산으로 목사를 단순비교 평가하려는 심리의 작용이요, 크고 많은 것을 은연중 부러워했던 심리가 마음 바탕에 깔린 까닭이다. 자본주의 영향을 많이 받은 것이다.

혹자는 말하길, 자신을 드러내고 싶어서, 혹은 형에 비해서 교회가 지나치게 영세하니까 예민한 반응을 보이는 것이 아니냐고 은연중 비꼬기도 한다. 그런데 이건 내 마음을 몰라도 너무 몰라서 하는 소리다.

하나님께 쓰임 받는 길은 다양한데 자본주의 업적을 놓고 형과 나를 획일적 잣대로 비교하기 때문에 싫은 것이다. 예를 들어 정치인과 사업가, 공무원을 단순비교 할 수 있을까. 그런데 지난 날 나는 이런 언어들 때문에 많은 마음의 상처를 입으며 지금까지 살아왔다는 점이다.

너무 유별난 탓일까.

나는 좀 독특한 생각을 소유하고 있다. 그래서 세상을 바라보는 시각이 남들과 좀 다르다. 내 눈에 비친 제도권 교회는 (특히 대형교회는) 어떠한 모습인가. 자본주의 탐욕이 지배하는 공동체다. 기득권을 지키려고 남의 비판을 수용하지 않고 정죄하기 일쑤다. 그래서 내 자신도 제도권 교회 안에 있지만 '이건 주님이 바라시는 바가 아닌데…'라는 갈등 속에서 지금까지 목회하고 있다.

더불어 대형교회 목회도 교회를 출세의 도구로 삼는 종교사업가들의 성공이지 그리스도의 좋은 일꾼이요 병사의 삶으로 보지 않는 것이 솔직한 나의 마음이다. 가시적 울타리 안에 사람이 많이 모여야 하나님이 기뻐하실까. 이런 교회가 지구 오지까지 세워지면 땅 끝까지 복음화 되는 것일까. 현재 대형교회 성직자들의 삶이 사도행전 1:8이 말하는 증인의 삶일까. 자신 있게 대답하지는 못할 것이다.

우리는 열심히 전도해야 한다. 교회를 부흥시켜야 한다. 그러나 1970-80년대 부흥사들과 대형교회 목자들의 발자취는 따라가지 않아야 한다. 모두 그런 것은 아니지만 대부분의 목자들이 주의 영광을 가리고 말았다. 그래서 오늘을 사는 우리 목회자들은 그들을 비판하면서 그러지 말아야 한다고 다짐한다.

그런데 신기한 것은 그들을 비판하면서 거의 다 그들의 뒤를 따라가고 있다는 점이다. 입에서 나오는 말을 들어보면 정신세계가 똑같다. 그리스도의 영성이 없이 직업으로 목회를 선택한 탓이다. 그러므로 주님 닮는 자세로, 주의 발자취 따라가는 자세로, 섬기고 배려하는 자세로, 성자의 삶을 본받는 자세로 전도하고 교회를 부흥시켜야 한다. 부흥시켜서 대접받겠다는 자세는 꿈에라도 버려야 한다. 혹여라도 그런 마음 있다면 그는 이미 선한 목자가 아니다.

그리스도는 모든 것을 주시기 위해 이 땅에 오셨다. 그런데 교회는 주는 것은 별로 없고 소유에만 관심이 깊다. 목사도 마찬가지이다. 입으로만 예수를 소개한다. 성직자나 신도나 그리스도의 가르침대로 살려고 노력하지 않는다. 우리 모두 반성해야 할 중대한 잘못이다.

그런가 하면 그리스도처럼 그렇게 사는 선배들이 있었다. 서양에서는 프랜시스, 다미엔, 슈바이처, 일본에도 우찌무라 간조, 가가와 도요히꼬가 있었다. 한국에도 이세종, 최흥종, 강순명, 손양원, 주기철 등 많은 이들이 있었다. 평신도 중에도 나를 울게 하는 이들이 많이 있었다. 최용신, 방애인, 김홍섭, 장기려 등등.

내가 이분들과 함께 사역할 수 있었다면 얼마나 좋았을까. 이분들의 신발이라도 닦아주며 머슴처럼 살았을 텐데.

나는 이들의 동생이 되고 싶다. 이들의 동생이라는 소개를 받고 싶다. 형님이요 누님으로 섬기고 싶다. 다른 가문에서 태어났으니 혈통으로는 이들의 동생이 될 수 없으나 삶이라도 그렇게 살아서 이들의 동생이라는 소리를 듣고 싶다. 누가 나더러 다미엔의 동생이라고 소개한다면, 누가 나더러 최흥종 목사의 동생이라고 소개한다면 하늘을 우러러보며 감사의 눈물을 흘렸을 것이다.

"자비하신 하나님, ○○○의 동생으로 태어나게 하셔서 감사합니다. 저도 그렇게 살게 해 주세요"

하며 눈물로 기도했을 것이다.

이제 이 글을 읽는 이는 내가 왜 '○○○목사의 동생'이라는 말에 예민한 반응을 보였는지 알 것이다. 성자의 동생이 되고 싶어서였다.

(형님한테 누가 되는 표현인지 모르겠으나) 나는 형님을 많이 의지했다. 물질에 대한 의지가 아니라 마음의 의지였다. 늦둥이로 때어나 어려서부터 너무 외롭다 보니 형을 아버지처럼 생각하며 따랐다. 활짝 웃으시며 나를 대할 때면 마음의 위로가 되곤 했다.

또한 신앙의 스승으로 모셨다. 너무도 거룩하고 유능했기 때문이다. 어릴 적 슈바이처의 아름다운 삶을 소개하며 내게도 그렇게 살라고 부탁하시던 형님! 그래서 나는 형님이 성자의 삶을 사실 줄 예상했다. 목사가 되어서는 내 형님이 현대판 프랜시스가 되실 거라 생각했다.

그런데 그게 아니었다. 생각이나 방향이 나와 너무 달랐다. 형님은 교회를 크게 부흥시키는 동생을 원했고 나는 성 프랜시스 같은 형님을 원하고 있었다. 나는 상실감이 컸다. 신앙적 방황도 했다. 그래서 한때는 ○○○목사 동생이 아니라고 하기도 했다.(생각이나 방향이 나와 다르다 해서 잘못되었다는 의미는 아니다)

형님은 종종 이런 기대를 하셨다.

"감리교단 모 목사 형제처럼 우리도 목회 잘 하는(교회 성장

시키는) 형제가 되고 싶다."

1983년도에는 여성 월간지에 그 목사님 4형제와 어머니가 소개되기도 했다. 훌륭한 집안이라는 내용이다. 그런데 오늘 2018년 1월 10일인데, 과연 지금도 그들 형제를 목회 잘 한다고 칭찬하고, 훌륭하다고 존경하는 이가 몇이나 있을까.

"목사가 죽어야 교회가 산다."고 형님은 말씀하셨지만, 형님이 언급하시는 그 교회는 사도행전 1장 8절이 부여하는 사명에 얼마나 가까운 모습일까. 내 견해에 그 교회는 산업화에 편승한 자본주의 산물일 뿐이라는 생각이다.

교계에서 유능하다는 인정을 받고 지도자로 군림하는 분들에게 말하고 싶다. 혹시 천국에서는 꼴찌가 될 수도 있으니 예수님의 '부자와 나사로 이야기'를 유심히 읽어보라고 권면하고 싶다. 교회를 출세의 디딤돌로 삼으려 부흥시키지 말고 자신을 치는 심정으로 주의 발자취 따라가라고 부탁하고 싶다.

아마도 세월이 가면 갈수록 내 생각이 옳고 내 가는 길이 옳다고 하는 이들이 많을 것을 나는 자신한다. 지금이야 형님이 더 유명하지만 세월이 가면 형님 가신 길보다 내 가는 길을 따라올 사람이 더 많을지도 모른다. 그래서 나는 자신 있게 내 길을 가고 있다. 누군가 내게 이런 말을 했다.

"이중택 목사의 책 한 권을 받아 읽어 보니 그동안 서재에 있었던 형님 목사의 설교집 여러 권보다는 동생 목사의 살아있는 이 책 한 권만 서재에 꽂아 놓고 싶다고."

형님과 가는 길이 다름을 안 후 난 참 외로웠다. 상실감이 컸다. 불교 용어로 도반이 없었기 때문이다. 막내로 태어나 '빈둥지증후군'을 경험한 후 엄청나게 외롭고 쓸쓸했는데 그 시절이 또 다시 온 것이다. 얼마나 외롭고 허전했는지 정신적 누이나 형을 달라고 성령님께 빌었다.

그때 주께서 나를 남한산성으로 이끄시고 하시는 말씀,

"이 목사야, 눈을 들어 천지사방天地四方을 바라보라."

'주여, 멀리 잠실 벌판이 보이고 제 주위에는 나무들과 공중에 나는 새들 뿐입니다.'

"다 네 누이요 형이니라. 어느 것 하나 네 누이가 아닌 것이 없고 네 형이 아닌 것이 없다. 너는 왜 없는 것처럼 외롭다고 한탄하느냐. 공중의 새를 보라. 옆에 있는 소나무를 보라. 다 네 누이요 형이니라."

성직이란 백성들이 양지에서 편히 살 수 있도록 음지에서 말없이 수고하는 직책이다. 신의 이름으로 살아가는 세속적 직업이 아니라 신의 모습을 표출해야 하는 거룩한 직업이다. 화려한 것이 아니고 신과 일체된 삶이어야 하고, 그 신은 바로 이웃과 함께 하는 가장 착한 목자여야 한다. 그런 면에서 나는 공중의 새가 되고 싶고 마을의 정자나무가 되고 싶다.

지저귐으로 인간을 흐뭇하게 하는 공중의 새들, 그늘을 만들어 쉼터를 제공하는 마을의 정자나무, 산소를 공급하는 숲속의 나무들, 얼마나 고상하고 아름다운 모습인가! 나는 이들을 형님이라 부르고 싶고 그들의 동생이라 소개받고 싶다. 그래서 나는 오늘도 공중의 새가 되려고, 마을의 정자나무가 되려고 노력한다.

루게릭병 환자에게 희망을!

이 세상에는 많은 질병이 있다. 인간뿐 아니라 모든 동식물에게도 질병이 있다. 생명체가 창조되면서 병균도 함께 창조되었기 때문이리라. 그리고 그 균은 끊임없이 생명체를 괴롭히고 있다.

그러면 신은 왜 고귀한 인간에게 질병을 주셨을까?

인간의 지혜로는 헤아릴 수 없는 신의 영역이지만 여기에는 분명 신의 깊은 뜻이 숨겨져 있을 것이다. 그리고 이것을 알기 위해 종교인들은 부단히 기도했으며 신앙적 해석을 하려고 노력했다.

필자의 사견이지만 신이 우리에게 질병을 주신 까닭은 신의 깊은 뜻을 헤아려 보라고, 서로 사랑하라고, 섬기는 삶을 살라고, 도전하라고, 신을 경험하라고 질병을 주셨을 것이다. 세상 유혹 멀리하라고, 헛된 욕망 버리라고, 교만하지 말라고, 인간의 한계를 깨달으라고 주셨을 것이다.

그런데 이런 여러 질병들 중에서도, 신의 섭리라 인정하려고 아무리 노력해도 사람의 생각으로는 도저히 이해가 안 되는 질병이 있다. 신앙적 해석을 하려고 아무리 노력해도 풀리지 않는 질병들이다. 이른바 희귀병이다. 원인도 모르고 치료제도 없고, 드물게 나타나는 병이다. 그래서 희귀병이라 부른다. 상업성이 없기에 제약회사도 사명감이 아니면 연구개발에 노력하지 않는다.

과거 무서운 전염병은 원인을 알 수 없는 질병이라서 그랬는지 天刑으로 여겼다. 발병 원인을 알 수 없는 것은 물론이려니와 치료약도 없었다. 질병의 종류에 따라 치료제가 금방 개발되는 경우도 있었고 그렇지 않은 경우도 있었다. 그렇지 않은 경우는 눈물과 한숨으로 지내다가 때가 되면 슬프고도 한 맺힌 죽음을 맞이할 뿐이었다. 더욱 슬픈 것은 세상이 이들을 멀리하고 혐오했다는 점이다. 자기에게 전염되어 피해를 줄까봐 그랬다. 지금 와서 보면 별 것도 아닌 질병인데!

그러나 이런 질병도 시간이 흐르면 각고의 노력 끝에 치료제가 개발되어 질병을 물리칠 수 있었다. 감사하기 그지없다. 천형으로 여겼던 우리의 과거가 부끄럽게 고백된다. 이런 경험을 통해서 깨닫는 것은, 질병을 주신 하나님은 항상 치료제도 준비하셨다는 점이다. 어딘가 숨겨놓고 인간으로 하여금 발견하게 하시는 하나님, 아니면 지혜를 주시어 다른 방법으로라도 해결토록 하시는 하나님이시다.

그런데 지금, 고도로 발달된 현대의학으로도 도저히 그 원인을 알 수 없는 질병이 등장했으니 이 현실을 어찌 받아들여야 할까. 신이 원망스럽게 느껴지기도 한다. 원인을 모르니 당연히 치료제도 없다. 속절없이 죽음만 기다릴 뿐이다. 슬프기 그지없다. 바로 루게릭병이다. 원인도 모르고 치료제도 없는 이 현실에 환우들은 절망할 뿐이다. 언젠가는 치료의 길이 열리겠지만 지금 현재는 절망적이다.

희귀병이야 과거에도 있었겠지만 그 때는 의술이 발달하지 못해서 무슨 병인지도 몰랐고 치료방법도 몰랐다. 학계에 보고되는 경우도 별로 없었다. 또한 인구가 적던 시절이라 환자도 드물었다. 그래서 표현 그대로 희귀병이다. 설령 치료가 가능하다 해도 가난했던 시절이니 치료비가 없어 속절없이 앉아서 죽음을 기다렸을 것이다. 병원에 가지 않으니 학계에 보고될 리도 없고.

그런데 루게릭병은 이젠 희귀병도 아니다. 인구가 많아진 탓인지 아니면 환경오염 탓인지 환우가 많이 늘었다. 주위에서 심심찮게 환자를 발견할 수 있다. 발병원인을 모르고 치료제가 없다는 점에서 희귀병과 유사할 뿐 빈도를 계산하면 참 흔한 병이 되었다. 그런데 그 흔한 질병임에도 해결책이 없는 것이다.

희귀병 환자도 많아지면 극복하려는 인간의 의지도 강해져 발병 원인도 규명되고 치료제도 개발되건만 이 병은 앞길이 요원하다. 언젠가는 원인도 규명되고 치료제도 개발되겠지만 현재 상황은 그렇다. 그래서 우리가 그들에게 해줄 것이 별로 없다. 말없이 지켜보며 위로할 뿐이다.

한번 발병하면 대책 없이 죽어가는 병, 확진되는 순간부터 점점 근육이 마비되어 몇 년 안에 죽어가는 병, 상황이 좋아 좀 더 산다 해도 마지막엔 식물인간이 되어 눈동자만 움직이는 병, 고도의 현대의학으로도 해결할 수 없는 병, 현대 첨단과학으로도 그 원인을 알 수 없는 병, 그래서 더 답답한 병! 건강하던 과거를 생각하면 슬프게만 생각되는 병이다.

그러면 현 상황에서 우리가 그들을 위해서 할 수 있는 것은 무엇일까? 관심과 사랑이라고 생각한다. 우리가 그들을 직접 보살피기는 어렵다. 할 일이 별로 없기 때문이다. 온 몸이 마비되고 눈동자만 움직이는 그들의 모습은 중증환자와도 달라서 전문 간병인이 아니면 케어 하기 어렵다. 가족이 아니면 케어가 어렵다. 활동보조인이 된다 해도 주거 이동의 경우에만 도움을 줄 수 있다. 그래서 우리가 할 수 있는 것은 관심과 사랑뿐이라는 것이다.

환자들끼리의 교류도 없이 외롭게 지내는 그들을 위해 '이 세상에는 이런 병도 있구나.'하는 관심, 우리의 이웃인 그들을 위해 우리가 할 수 있는 것은 무엇일까 고민하는 인정, 그들을 보며 건강한 자신이 부끄러워 조금이나마 따뜻함 마음을 전하는 사랑, 건강한 우리가 잊어서는 안 될 덕목들이다.

다행히도 협회가 조직되었으니 '한국루게릭병협회'에 우리의 관심과 사랑을 보낸다면 환자 가족들에게 다소나마 위로가 될 것이다. 자신이 모르는 곳에서도 관심과 사랑이 존재한다는 것을 알면 환우나 가족 모두에게 위로가 될 것이다. 그래서 여기에 협회 연락처와 은행 계좌번로를 공개한다.

필자는 직업이 목사다. 남들은 우리를 성직자라 부른다. 그런데 성직자가 소명감에 취해서 헌신과 사랑으로 살아가다보면, 아니 신을 만나게 되면 세상이 도저히 이해하기 힘든 삶을 살게 된다. 낮고 천한 곳, 가난과 질병에 시달리는 사람들이 사는 곳을 찾아가는 것이다. 거기서 목회했고 사목했다. 최흥종 목사나 손양원 목사, 다미엔 신부나 이태석 신부, 소록도의 마리안느와 마가렛 수녀가 그런 사람들이다.

필자도 이런 선배들이 너무도 존경스러워 그들을 흉내 내고 싶어 섬길 곳을 찾았다. 세상이 알지 못하는 곳을 찾았다. 그런데 지금은 한국 땅에 그런 곳이 별로 없었다. 의술이 발달하고 생활환경이 너무 좋아진 탓이다. 그러다가 찾은 곳이 바로 이 협회다.

과거에 질병은 위생환경이 좋지 않아서 발생했다면 지금의 루게릭병은 생활여건이나 주위 환경이 좋아졌음에도 발병하고 있다. 원인을 알 수 없는, 그리고 치료제가 없다는 점이 필자로 하여금 발걸음을 재촉하게 만들었다.

내 비록 소명감에 불타는 목사는 아니지만 발병 원인을 알 수 없고 치료제도 없는 질병이라 하기에 그들이 외로울 것 같아 성직자의 심정으로 이곳을 찾아가 섬기고 있는 것이다. 그래서 여기에 안타까운 마음으로 연락처와 계좌번호를 공개하니 읽는 이의 관심과 사랑을 부탁드린다.

마지막으로 필자가 2014년 8월, '아이스버킷 첼린지' 캠페인이 한창일 때 협회 홍보이사 자격으로 경향신문에 실린 글을 여기 발표하면서 이 글을 맺는다.

루게릭병 환자에게 희망을!

이 중 택

(시인. 한국루게릭병협회 홍보이사)

요즈음 '아이스버킷 첼린지' 캠페인이 화제가 되고 있다. 쉽게 풀이하면 '얼음물 샤워' 혹은 '얼음물 뒤집어쓰기'운동이라고 하겠다. 루게릭병 환자에 대한 관심을 불러일으키고 후원금도 모으려는 취지로 미국에서 시작되었는데 8월 8일에는 한국에서도 시작되어 많은 사람들이 이 운동에 동참하고 기부행렬이 줄을 잇고 있다. 8월 29일 기준으로 4000명이 동참했으며 기부액도 2억 원을 넘어서고 있다. 미국의 1000억 원에 비하면 초라한 성적이지만 그래도 한국의 기부문화에 긍정적인 역할을 하는 것만은 사실이다.

일부에서는 이 운동이 기부라는 본질을 벗어나 이벤트로 변질되는 것 아니냐는 우려를 하는 이도 있다. 유명 인사들 중 일부가 자기 홍보 및 이미지 제고를 위한 이벤트로 이용하는 경우도 혹 있겠으나 분명한 것은 유명 연예인들이나 정치인들이 이 운동에 참여함으로써 언론매체를 통해 우리 협회가 많은 이들에게 알려지고 관심을 갖도록 했으며 기부에 동참하도록 긍정적인 역할을 했다는 점이다.

협회를 홍보해 줄 연예인 홍보대사를 섭외하지 못해 안타까워하던 때가 엊그제 같은데 이번 캠페인을 계기로 유명 연예인이나 정치인이 자연스럽게 홍보대사 역할을 하는 형국이 되었으니 상전벽해라 아니할 수 없다.

필자가 이 협회에 처음 참여할 당시 상황은 매우 열악했다. 임원들 대부분이 환자나 환자 가족이어서 협회 활성화가 어려웠고 재정도 정부나 외부 단체로부터의 도움이 전혀 없는 상황에서 회원들의 회비와 일부 소수 후원자들의 후원금으로 협회를 운영하고 있었다. 협회가 환우들에게 해줄 수 있는 것은 경제적 도움보다는 위로와 환자 케어에 관한 정보뿐이었다.

그리고 필자가 외부로 다니면서 모임이 있을 때마다 이 병에 관한 설명을 하면 처음 듣는다는 이가 대부분이었다. 희귀성 질병이기 때문이다. 당연히 모금실적도 저조할 수밖에 없었다. 그러던 차에 이번 운동으로 많은 홍보가 되었으니 협회의 홍보이사직을 맡은 필자로서는 그저 감사하고 고마울 뿐이다.

루게릭병의 정식 명칭은 '근위축성측색 경화증(ALS)'이다. 운동신경원 질환이라고도 한다. 처음에는 손발에 힘이 없어 무기력한 상태였다가 점점 근육이 마비되어 가는데, 나중에는 온몸에 힘이 빠져 사지를 사용하지 못하는 마비상태가 되며, 결국 눈동자만 움직이는 식물인간으로 지내다가 사망에 이른다.

이 병은 확진되면 50%가 3-4년 안에 죽는 희귀성 난치병이다. 미국의 유명한 야구선수 루게릭이 이 병으로 고생하다가 2년만인 38세에 죽으면서 전 세계에 알려진 질병이며 그래서 그의 이름을 빌려 '루게릭병'이라 명명했다.

이 병은 현재 치료약이 없다. 즉 아주 특이한 질병이어서 고칠 수 없다는 뜻이다. 그래서 이 병으로 확진되면 희망 없이 절망 속에서 하루하루 살아가게 된다. 또한 이 병이 발생하면 가족 중 누군가가 24시간 환자를 옆에서 보살펴야 한다. 주로 배우자가 이 일을 감당한다. 당연히 가정 경제는 어려워진다.

치료약이 없으니 정부 도움은 중증장애인에게 주어지는 간병인 보조가 전부다. 그리고 환자 혹은 환자 가족끼리의 교류도 없으니 외롭게 투병생활을 한다. 전국 어디에도 환자들을 위한 쉼터나 요양소도 없다. 그래서 협회의 존재감만으로도 환우나 가족들에게 큰 힘이 되고 있는 것이다.

현재 협회에는 2000명 환우가 가입되어 있다. 협회는 이들에게, 특히 가난한 중증 환우들에게 의료비 보조나 의료보조기구를 전달하고 있다. 협회의 예산규모는 작고 보살펴야 할 환우는 많다. 그래서 누군가의 도움이 절실히 필요하다.

이번 '얼음물 샤워' 운동을 계기로 많은 사람들이 루게릭병에 대해 알게 되고 관심을 가져주셔서 감사하게 생각한다. 우리 모두 죽을 때는 루게릭병 환자의 모습으로 생을 마감한다는 사실을 염두에 두면서 단순히 일회성 행사가 아니라 지속적인 관심을 가져주었으면 하는 바람이다.

한국루게릭병협회

전화 02 - 741 - 3773

기부금 계좌번호

신한은행 100 - 022 - 543111

예금주 - 한국 ALS 협회

죽어서 별이 된 사람들

2018년 8월 25일 1판 1쇄 인쇄
2018년 8월 30일 1판 1쇄 발행

저　　자 **이 중 택**
발 행 자 **심 혁 창**
발 행 처 **도서출판 한글**

04116 서울특별시 마포구 신촌로 270(아현동)
수창빌딩 903호
☎ 02-363-0301 / FAX 362-8635
E-mail : simsazang@hanmail.net

창　업 1980. 2. 20
이전신고 제2018-000182

파본은 교환해 드립니다
정가 12,000원

*
ISBN 97889-7073-553-5-92660